高校实验室安全概论

GAOXIAO SHIYANSHI ANQUAN GAILUN

于 涛 葛晨晨 主 编

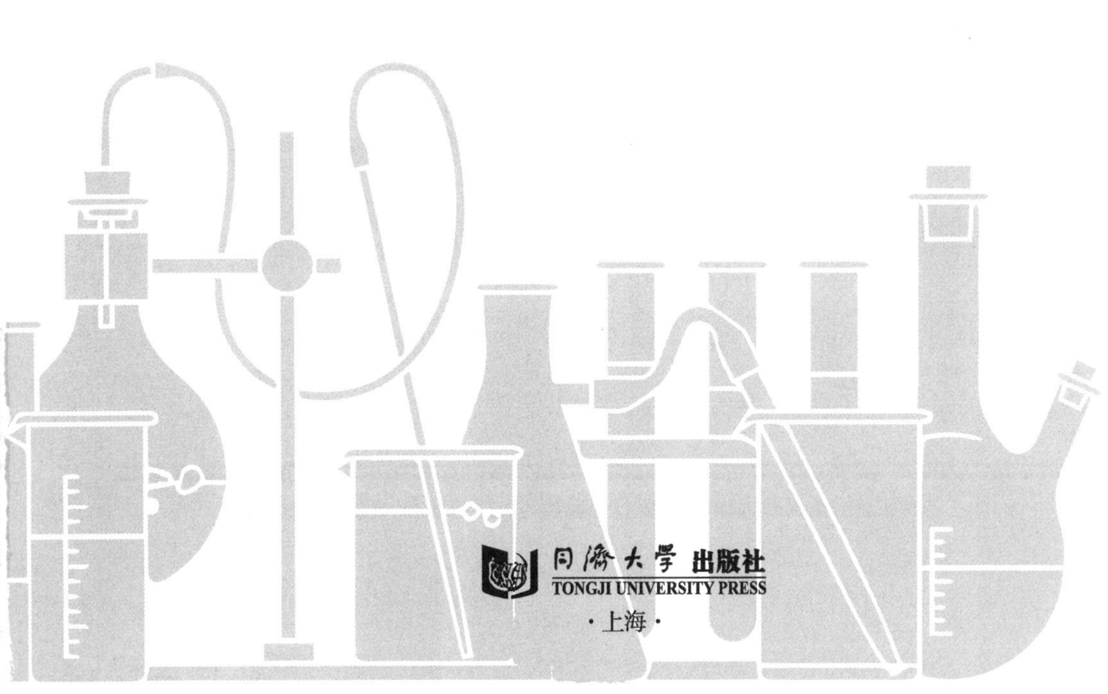

同濟大學出版社
TONGJI UNIVERSITY PRESS
·上海·

图书在版编目（CIP）数据
高校实验室安全概论 / 于涛，葛晨晨主编. -- 上海 : 同济大学出版社，2025. 5. -- ISBN 978-7-5765-1609-8
Ⅰ. G642.423
中国国家版本馆 CIP 数据核字第 2025SL1190 号

高校实验室安全概论

GAOXIAO SHIYANSHI ANQUAN GAILUN

主　编　于　涛　葛晨晨　　**副主编**　周　晔　曹同成　邢　露　侯茜莹
责任编辑　周锦欣　　**责任校对**　徐逢乔　　**封面设计**　于思源

出版发行　同济大学出版社　　www.tongjipress.com.cn
（地址：上海市四平路 1239 号　邮编：200092　电话：021-65985622）
经　　销　全国各地新华书店
排　　版　南京月叶图文制作有限公司
印　　刷　启东市人民印刷有限公司
开　　本　787mm×1092mm　1/16
印　　张　7.5
字　　数　138 000
版　　次　2025 年 5 月第 1 版
印　　次　2025 年 5 月第 1 次印刷
书　　号　ISBN 978-7-5765-1609-8

定　　价　48.00 元

前言

高校实验室安全管理，是指在教学、科研等实验实训活动中，为避免发生人员伤害和财产损失等事故，有效消除或控制危险及有害因素而进行全过程管理的规范化实践。实验实训过程应在符合规定的条件下进行，以保证使用人员的人身安全与健康，使设备和设施免受损坏、环境免遭破坏，保证实验实训活动顺利进行[1]。

实验室安全管理的目标不仅是要避免发生灼烫、机械伤害、物体打击、火灾、中毒和窒息、触电、起重伤害、容器爆炸、其他爆炸、高处坠落、淹溺、坍塌等事故伤害[2]，更是要有效消除或控制来自人员自身或人为性质的，或是机械、设备、设施、材料等方面存在的，抑或是实验环境中的，还可以是管理和管理责任缺失所导致的危险和有害因素[3]。

为推动实现实验室安全管理的目标，同济大学资产与实验室管理处、实验室安全管理办公室组织编写了本书。全书整理汇总了高校实验室安全管理的政策依据、常见问题和主要对策，希望能为高校实验室安全管理人员、实验人员的工作学习提供参考。全书分5章，第1章通识安全由邢露编写，第2章化学安全由葛晨晨编写，第3章生物安全由侯茜莹编写，第4章特种设备安全和第5章辐射安全由于涛编写。同时，感谢魏志彪、程泽非、赵彬彬、童文权等研究生参与了第2章、第4章和第5章的部分文字编写和校对工作，以及周晔和曹同成对本书内容提出宝贵意见。由于编者水平有限，如有不当之处，恳请谅解和斧正。

目录

前言

第1章　通识安全 …… 1
1.1　实验室安全基础理论 …… 1
1.2　消防安全 …… 3
1.2.1　火灾的分类 …… 3
1.2.2　燃烧的三要素及充分条件 …… 3
1.2.3　高校实验室常见的火灾隐患 …… 5
1.2.4　实验室火灾的预防 …… 9
1.2.5　实验室火灾逃生与自救 …… 9
1.3　电气安全 …… 12
1.3.1　电气安全风险 …… 12
1.3.2　实验室电气事故的主要特点 …… 15
1.3.3　实验室电气事故的预防 …… 16
1.3.4　电气火灾的扑救 …… 18
1.3.5　触电急救 …… 19

第2章　化学安全 …… 25
2.1　危险化学品基本知识 …… 25
2.1.1　危险化学品的基本概念 …… 25
2.1.2　危险化学品的分类 …… 25
2.1.3　化学品安全技术说明书 …… 26
2.1.4　危险化学品安全标签 …… 26
2.2　危险化学品的安全管理 …… 28
2.2.1　危险化学品的采购 …… 28
2.2.2　危险化学品的储存 …… 28
2.2.3　危险化学品的使用 …… 32
2.2.4　危险化学品废弃物的处置 …… 34

2.2.5 实验气体管理 …… 35
2.2.6 化学类实验室常见事故及其原因 …… 39
2.2.7 危险化学品事故预防管理与措施 …… 41
2.2.8 危险化学品事故的应急措施 …… 42

第3章 生物安全 …… 45
3.1 实验室生物安全基础知识 …… 45
3.1.1 基本概念 …… 45
3.1.2 主要设备与仪器 …… 46
3.1.3 常见生物安全风险 …… 47
3.1.4 生物实验室安全要求 …… 49
3.2 微生物实验室生物安全 …… 49
3.2.1 病原微生物 …… 49
3.2.2 生物安全实验室分类 …… 50
3.2.3 微生物危害评估 …… 52
3.2.4 微生物实验室常见安全事故及处理 …… 53
3.2.5 典型案例 …… 56
3.3 实验动物生物安全 …… 57
3.3.1 基本概念 …… 57
3.3.2 实验动物使用的生物安全 …… 58
3.3.3 实验动物使用的废弃物收集 …… 58
3.3.4 动物实验注意事项 …… 59
3.3.5 典型案例分析 …… 59
3.4 生物实验废弃物处理 …… 61
3.4.1 生物废弃物处理相关法律法规 …… 61
3.4.2 病原微生物废弃物 …… 62
3.4.3 实验动物废弃物 …… 62

第4章 特种设备安全 …… 64
4.1 压力容器 …… 64
4.1.1 压力容器基本内容 …… 64

4.1.2 压力容器相关要求 …… 68
4.1.3 压力容器常见错误或隐患 …… 70
4.1.4 压力容器典型案例 …… 71
4.2 起重机械 …… 72
4.2.1 起重机械基本内容 …… 72
4.2.2 起重机械相关要求 …… 73
4.2.3 起重机械常见错误或隐患 …… 74
4.2.4 起重机械事故案例统计 …… 74
4.3 场(厂)内专用机动车辆 …… 75
4.3.1 场(厂)内专用机动车辆基本内容 …… 75
4.3.2 场(厂)内专用机动车辆相关要求 …… 76
4.3.3 场(厂)内专用机动车辆常见错误或隐患 …… 77
4.3.4 场(厂)内专用机动车辆事故案例统计 …… 77
4.4 安全附件 …… 78
4.4.1 安全附件基本内容 …… 78
4.4.2 安全附件的分类、结构与使用 …… 78
4.5 机械安全 …… 81
4.5.1 机械的定义 …… 81
4.5.2 机械的分类 …… 81
4.5.3 机械设备的危险和有害因素 …… 83
4.5.4 高校实验室机械类事故的类型 …… 85
4.5.5 实验室机械类事故的预防 …… 86
4.5.6 机械性损伤事故的应急处理 …… 88
4.6 实验室特殊设备的使用安全 …… 91
4.6.1 高温高压类设备 …… 91
4.6.2 低温类设备 …… 95
4.6.3 高速运转类设备 …… 95

第5章 辐射安全 …… 99
5.1 辐射安全的基础知识 …… 99
5.1.1 辐射与电离辐射 …… 99
5.1.2 辐射源的分类 …… 100

5.1.3 辐射的危害 …… 102
5.2 实验室辐射安全与防护 …… 102
5.2.1 辐射安全的管理职责与许可登记 …… 103
5.2.2 涉辐人员的安全管理 …… 103
5.2.3 辐射源的安全管理与使用 …… 103
5.2.4 涉源实验室的安全管理 …… 104

参考文献 …… 106

参考答案 …… 109

扫码观看实验室安全课程视频

第1章 通识安全

1.1 实验室安全基础理论

党中央、国务院一贯高度重视高等学校校园安全工作，习近平总书记等党和国家领导人先后作出一系列重要指示批示[4]，实验室安全是高等学校校园安全的重要组成部分，其情况复杂、任务艰巨，是教育系统安全工作的重点，也是不可逾越的红线。为有效防范和消除安全隐患，最大限度减少实验室安全事故，保障校园安全、师生生命安全和学校财产安全[5]，2023年2月，教育部发布了《高等学校实验室安全规范》。

具体来看，实验室安全目标的达成，不仅要关注科学实验的具体实现方法，还要把实验放在历史中研究。实验室安全涉及的人员主要包括从事实验活动的实验人员和实验室安全管理人员。研究表明，实验人员的研究态度是实验工作安全开展的先决条件[6]。因此，实验室安全目标实现的关键在于实验人员，而非实验室安全管理人员或其他人员，后者只能是辅助实验人员安全地完成实验。实验人员不仅是开展实验的人，也包括实验过程的决策者。因此，实验室安全的实现路径可以描述为：实验人员在正确的世界观和研究态度的指导下，采取一系列措施，使实验过程安全地进行。实验室安全的实现路径见表1-1[7]。

(1) 实验人员如何树立科学的研究态度

近年来，实验室安全事故时有发生，其中影响最大的是2018年北京某高校实验室金属镁粉尘爆炸事故，造成3名学生死亡[1]。高校实验室安全事故严重威胁了师生生命和财产安全，扰乱学校正常教学科研秩序，影响社会的和谐与稳定。科学的研究态度可以有效减少实验室安全事故的发生。科学的研究态度概括起来说可以是尊重生命、尊重科学和遵守规则。实验人员在开展实验之前，务必秉持“生命只有一次”的理念，遵守实验室规章制度，辨识实验过程中的危险有害因素，在风险可控的前提下，认真开展实验。

表 1-1　实验室安全的实现路径

序号	实验室安全类型	实现路径
1	实验范式	讲规矩、重秩序
2	操作失误	正确判断事故征兆、采取行动
3	能量意外转移	控制危险源
4	事故因果连锁	略(该理论过于简单,应用不多)
5	本质安全	设备的安全设计
6	高技术系统	反违章智能机器人
7	安全人机工程	人机功能分配
8	职业卫生	危险和有害因素的消除、替代、工程控制、管理控制和个人防护
9	热压或风压作用下的自然通风、机械通风	通风橱、门窗孔洞的自然通风等
10	化学品泄漏与能量意外释放	风险评估、过程管理
11	毒物与急慢性中毒	技术措施、管理措施
12	机械原理	设计遵循本质安全 使用参考安全人机工程
13	电气安全工程	触电：低电压、接地、绝缘、隔离、安全距离； 电气火灾/爆炸：消除危险温度、电火花和电弧
14	燃烧与化学爆炸	破坏燃烧、化学爆炸三角
15	气体的加压	气瓶、固定式压力容器：遵守 TSG 文件； 附件与安全仪表：校验与检定
16	安全投入、安全产出、安全效益	合理的安全经费投入
17	安全心理学	实验人员心理素质培养：先客后主、模拟实验、违章监护、防错容错
18	风险识别、风险分析、风险评价、风险应对	科研项目风险评估

(2) 实验人员如何避免或减少人为失误

“哪里有爆炸,哪里就有杨振宁。”虽然是一句玩笑话,但是也反映了一个事实,这个事实就是你可能不适合目前这个岗位。避免或减少实验过程中人为失误的第一措施是合理选择实验项目,须避免跟风去选择高风险或者自己不喜欢、不擅长的领域的研究项目；第二措施是多训练，不断试错，多学多练，不仅训练实验操作技能，也要训练对实验出错后可能产生的后果的处置能力。

(3) 实验室里的各类危险源怎么控制

危险源，或称危害因素、危害来源，是指对人造成健康损害的来源或环境[9]。教育部文件《高等学校实验室安全规范》里列出了有毒有害化学品（剧毒、易制爆、易制毒、爆炸品等）、危险气体（易燃、易爆、有毒、窒息等）、动物及病原微生物、辐射源及射线装置、同位素及核材料、危险性机械加工装置、强电强磁与激光设备、特种设备等重要危险源。控制危险源对人的风险，优先采用消除、替代、工程控制、管理控制和个人防护这五类措施[10-11]。

1.2 消防安全

2021年，国家修正《中华人民共和国消防法》，其中第一章第五条规定"任何单位和个人都有维护消防安全、保护消防设施、预防火灾、报告火警的义务。任何单位和成年人都有参加有组织的灭火工作的义务"。

火是一种以释放热量并伴有烟或火焰或两者兼有为特征的燃烧现象。当这种燃烧在时间或空间上失去控制时，其造成的伤害就称为火灾[13]。据台湾《联合报》报道，台湾东华大学2024年4月3日上午8时许1栋大楼4楼化学实验室发生大火，其间有爆炸声传出，现场存有禁水性物质，空气中有刺鼻酸味。

1.2.1 火灾的分类

根据可燃物的类型和燃烧特性，火灾可分为A、B、C、D、E、F六类[13]。

A类火灾：固体物质火灾。

B类火灾：液体或可熔化的固体物质火灾。

C类火灾：气体火灾。

D类火灾：金属火灾。

E类火灾：带电火灾，物体带电燃烧的火灾。

F类火灾：烹饪器具内的烹饪物（如动植物油脂）火灾。

1.2.2 燃烧的三要素及充分条件

燃烧的发生和发展必须同时具备三个条件，即可燃物、助燃物（氧化剂）和引火源。

三个条件是支持燃烧的必要条件,缺一不可[14]。

1.2.2.1 可燃物

可燃物,泛指可以燃烧的物品。凡是能与空气中的氧气或其他氧化物发生燃烧反应的均属于可燃物,如纸张、塑料制品、可燃化学试剂、可燃气体等。可燃物按其物理状态,分为可燃气体、可燃液体和可燃固体;按其化学组成,则分为有机可燃物和无机可燃物,大多数可燃物为有机可燃物。

1.2.2.2 助燃物

助燃物(氧化剂)是指能与可燃物相结合发生燃烧反应的物质。助燃物具有氧化性,燃烧过程伴随氧化还原反应发生,空气中广泛存在的氧气就是一种典型的助燃物。

1.2.2.3 引火源

引火源是指能引起可燃物燃烧的点火能源。常见的引火源分为化学火源、热火源、电火源和机械火源四大类。

(1) 化学火源

化学火源通常包括明火和自燃等。常见的明火有蜡烛焰、煤炉火、焊接火焰等,绝大多数明火焰的温度超过 700 ℃,焊接火焰温度可达 2 000~3 000 ℃。

自燃通常是指在无外来引火源的情况下,可燃物本身进行化学反应放热,当温度超过可燃物自燃点时发生自燃,如煤炭自燃。

(2) 热火源

热火源是指具有较高温度、通过向可燃物传递热量导致可燃物着火的点火能源,通常具有高温表面、热射线等特征。常见热火源有无焰的烟头、木炭火星、焊接金属熔渣等。实验表明,烟头中心温度可达 700~800 ℃,烟头表面温度也在 250 ℃左右,可点燃纸张、可燃纤维、高纯度酒精(乙醇)等。

(3) 电火源

常见电火源包括电气火花、静电火花和雷击放电等。电火花可将电能转化为热能,一旦放电能量大于可燃气体(粉尘)的最小点火能,便可能引发火灾爆炸事故。

(4) 机械火源

机械火源是通过将物体间相对运动(摩擦、碰撞、压缩等)产生的机械能转变成热能的一类引火源,如撞击、摩擦产生的高温火花等。绝热压缩点燃是指快速压缩的气体温度会骤然升高,当温度超过自燃点时,可燃物便会发生燃烧。据计算,常温(20 ℃)常压下 1 体积的空气,经绝热压缩,体积被压缩一半,这时的压力可上升 2.6 倍,温度会升高到 115 ℃。

1.2.2.4　燃烧的充分条件

需要说明的是，具备了燃烧的必要条件并不等于燃烧必然发生，在各必要条件中，还有个量的概念，这就是发生燃烧或持续燃烧的充分条件。燃烧的充分条件包括下列三个[14]。

(1) 一定的可燃物浓度

可燃气体或可燃液体的蒸气与空气混合只有达到一定浓度，才会发生燃烧或爆炸。如：车用汽油在 -38 ℃以下不能达到燃烧所需的浓度，在这种条件下，虽有充足的氧气和明火，但仍不能发生燃烧。

(2) 一定的氧气含量

各种不同的可燃物发生燃烧，均有本身固定的最低含氧量要求。低于这一浓度，即使燃烧的其他必要条件已经具备，燃烧也不会发生。如：汽油燃烧的最低氧含量要求为14.4%，煤油为15%，乙醚为12%。而一般情况下，空气中氧含量为21%。

(3) 一定的点火能量

各种不同可燃物发生燃烧，均有本身固定的最小点火能量要求。达到这一能量才能引起燃烧反应，否则燃烧便不会发生。如：汽油的最小点火能量为0.2 mJ，乙醚(5.1%)为0.19 mJ，甲醇(2.24%)为0.215 mJ。

1.2.3　高校实验室常见的火灾隐患

火灾隐患是指可能导致火灾发生或使火灾危险增大的各类潜在的不安全因素。火灾隐患是潜藏的祸患，是一时不可明见的灾祸，它具有隐蔽、藏匿、潜伏的特点。它在一段时期内好似静止不变，往往使一些人意识不到、感觉不出它的存在，但随着时间的推移，当客观条件变成熟，隐患则形成灾害。“隐患险于明火，防范胜于救灾”，正确认识隐患的特征，熟悉和掌握隐患产生的原因，争取做到“早发现，早治理”，才能更好地防范火灾事故的发生。高校实验室常见的火灾隐患主要分为危险化学品类、仪器设备类、电气线路类、消防设施类和消防通道类等。

1.2.3.1　危险化学品类

危险化学品多易燃易爆，例如：易燃气体、易燃气溶胶、氧化性气体、易燃液体、可自燃液体、氧化性液体、易燃固体、自燃固体、氧化性固体、自反应物质和混合物、自热物质、遇水放出易燃气体物质、有机过氧化物等。

因各学科间的综合性和交叉性，在高校实验室内进行实验过程中会涉及众多实验药品、试剂及材料，其中绝大多数是危险化学品(图1-1)。据不完全统计，实验室火灾、爆炸事故中，有 80%的事故涉及危险化学品[15]，而其中易燃物质（易燃液体、易燃气体、易燃固体）导致的火灾事故占比最大，氧化物次之，再次是爆炸物导致的事故。

图 1-1 实验室酒精着火

1.2.3.2 仪器设备类

利用实验室进行正常的教学和科研实验的过程会涉及很多产生、供给能量的设备仪器（图 1-2），加工、处理危险物质的装置以及设备，能量聚集或突然释放的设备仪器，例如烘箱、反应釜、各类加热炉等加热、加工用设备。

图 1-2 实验室冰箱着火

这些仪器设备在使用时会涉及热能、电能、机械能、化学能等能量形式。除此之外，在实验室内引发火灾爆炸事故不可忽视的因素就是火源，无论是仪器设备正常使用过程中的火源还是电气火花、摩擦撞击火花以及外来火源都具有热能。任意能量一旦失去控制就会形成超压转化为机械能对外做功引起爆炸，或形成热能引发火灾事故。

1.2.3.3 电气线路类

一些高校由于历史原因，很多实验室由旧的实验楼或办公楼改造而成，其建筑物供电线路、供电配置是按照当年实际使用情况设计的，难以满足现在的使用需要。因此，受配置不足等基础条件的限制，如果出现违章用电（图 1-3），例如在实验室内同时使用多台电气设备，时间过长，就会使供电线路过载发热，可能会导致电线绝缘层因强度下降而燃烧，极易引燃周围物品进而发生火灾。

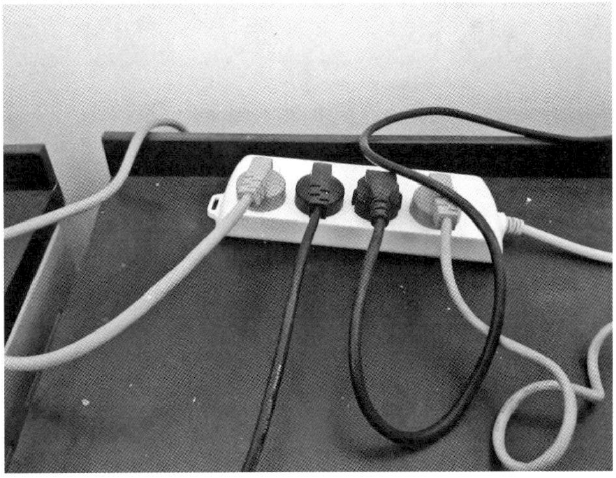

图 1-3　接线板可能已经过载

1.2.3.4 消防设施类

有调查结果表明，在高校实验室火灾中，因缺乏必要的灭火器具而无法及时扑灭火源，从而酿成重大灾情的事故占火灾事故总数的 89%。高校实验室常见消防设施类安全隐患包括消防设施、器材配置不足，类型不匹配以及未定期维护等问题（图 1-4），具体体现在数量不足、种类不足、完好有效率不足等，比如配备的灭火器数量少，或未配备灭火毯，或配置的灭火器型号不符合要求等。有些实验室虽然配置了必要的消防设施、器材，但是由于未进行定期的维护保养，导致部分消防设施、器材损坏，降低了灭火的效能或者根本起不到灭火的作用。更有甚者，部分实验室连最基本的消防设施、器材都没有配备，根本不能保障实验室的消防安全，一旦发生火灾，很容易导致火灾的蔓延和扩大。

图 1-4 灭火器欠压(指针指向红色区域)

1.2.3.5 消防通道类

一方面，由于高校实验室的用房紧张，加上实验室的耗材与药品使用量很大，有的师生图一时方便，喜欢一次性购买大量的耗材和试剂，并将其和一些待报废的仪器设备摆放在消防通道上，导致逃生通道被堵塞，成为被困人员逃生路上的“拦路虎”(图 1-5)。另一方面，实验室内堆放的可燃杂物和可燃试剂一旦着火，会释放大量有毒烟气并迅速扩散。此外，许多实验大楼为了便于治安管理，平时会将安全出口关闭，致使其安全疏散功能丧失。

图 1-5 消防通道堆放大量杂物

1.2.4　实验室火灾的预防

为加强高校实验室消防安全管理，预防和减少火灾事故的发生，必须严格执行实验室安全管理制度和操作规程，落实各项防火措施。

(1) 实验人员要严格执行“实验室十不准”：①不准吸烟；②不准乱放杂物；③不准实验时人员脱岗；④不准堵塞安全通道；⑤不准违章使用电热器；⑥不准违章私拉乱接电线；⑦不准违反操作规程；⑧不准将消防器材挪作他用；⑨不准违规存放易燃药品、物品；⑩不准在实验室内饮食、留宿。

(2) 疏散通道要时刻保持通畅。

(3) 实验室内特殊的电气、高温、高压等危险设备必须有相应的防护措施，应严格按照设备的使用说明及注意事项使用。

(4) 实验人员必须熟知“四懂四会”，即懂火灾危险性、懂预防措施、懂扑救方法、懂逃生的方法；会报警、会使用灭火器材、会处理险肇事故、会逃生。

(5) 实验人员在实验过程中要随时检查实验仪器设备，电、水、气等设施有无损坏或异常现象，并做好安全检查记录。

(6) 实验室必须配有相应的消防器材或设施。

(7) 实验人员使用药品时，应明确了解药品特性及正确使用方法，严禁将化学性质相抵触的药品混装、混放。实验剩余的药品必须按规定处理，严禁随意乱放、丢弃垃圾箱内或倒入下水道。要针对实验过程中可能发生的危险，制定安全操作规程，采取适当的防护措施。

(8) 严禁摆弄与实验无关的设备和药品，特别是电热设备。

(9) 冰箱内不得存放易燃液体，普通烘干箱不准加温加热易燃液体。

(10) 实验结束后，应对各种实验器具、设备和物品进行整理，并进行全面仔细的安全检查，清除易燃物，关闭电源、水源、气源，确认安全后方可离开。

1.2.5　实验室火灾逃生与自救

1.2.5.1　灭火基本原理

灭火的关键在于破坏燃烧的条件，其原理主要有以下四种[16]。

(1) 冷却法。将灭火剂直接覆盖在燃烧着的物体表面上，降低燃烧物温度直至其燃点以下，终止燃烧。

(2) 窒息法。减少燃烧区域的含氧量，使火焰熄灭。

(3) 隔离法。使燃烧物和未燃烧物分离，限制燃烧范围。

(4) 抑制法。抑制或终止使燃烧得以持续和扩展的链式反应，从而使燃烧减弱或停止。

1.2.5.2 灭火器材的使用

扑灭初起火灾可以减少火灾损失，杜绝火灾伤亡。火灾初起阶段的燃烧面积小、火势弱，在场人员如能采取正确扑救方法，就能在灾难形成之前迅速将火扑灭。据统计，以往发生的火灾有70%以上是由在场人员在火灾形成的初起阶段扑灭的。因此，掌握灭火器材的使用方法，懂得如何扑灭初起火灾是非常必要的。

实验室常用的灭火器材有干粉灭火器、灭火毯、消防沙、二氧化碳灭火器和室内消火栓，其使用方法、适用范围和注意事项如表1-2所示。

表1-2 实验室常见灭火方式

<table>
<tr><th colspan="2">灭火器材</th><th>使用方法</th><th>适用范围</th><th>注意事项</th></tr>
<tr><td colspan="2">水</td><td>向火焰上泼水</td><td>A类(与水反应的除外)火灾</td><td></td></tr>
<tr><td colspan="2">消防沙</td><td>用消防沙覆盖着火物</td><td>D类火灾</td><td></td></tr>
<tr><td rowspan="2">干粉灭火器</td><td>普通干粉(B、C干粉)</td><td rowspan="2">拉掉手柄上的拉环(有喷射管的则用左手握住喷射管)，右手提起灭火器并按下压把横扫</td><td>B、C、E类火灾</td><td rowspan="2"></td></tr>
<tr><td>多用干粉(A、B、C干粉)</td><td>A、B、C、E类火灾</td></tr>
<tr><td colspan="2">泡沫灭火器</td><td>将灭火器翻转，使药液混合产生二氧化碳、氢氧化铝泡沫并直接喷向着火物</td><td>A类、B类(水溶性除外)火灾</td><td></td></tr>
<tr><td colspan="2">二氧化碳灭火器</td><td>取下截止针，左手握住压把，右手握住把手，将喇叭口尽量靠近着火物，压下压把</td><td>A、B、E类火灾</td><td>当心冻伤</td></tr>
</table>

注：A—F类火灾见1.2.1火灾的分类。

扑灭实验室初期火灾一般可采取以下方法。

(1) 实验家具起火

实验家具起火一般用水灭火。用身边可盛水的容器往火焰上泼水，也可把水管接到水龙头上接水喷淋火源灭火；同时把燃烧点附近的可燃物泼湿降温。但电器、油及其他一些化学品着火不能用水灭火。

(2) 电气线路设备起火

实验室电气线路或设备着火，要先切断电源，再用干粉或二氧化碳灭火器灭火，不可直接泼水灭火，以防触电或爆炸伤人。

(3) 化学品起火

锂、钠、钾、铷、铯、钫、碳化钙(电石)、三乙基铝及密度比水小且不溶于水的易燃液体等起火，不能用水灭火，可用消防沙或气体灭火剂等方式灭火。

(4) 气瓶起火

要用浸湿的抹布、衣物等捂盖，并迅速关闭阀门。

(5) 身上起火

不要乱跑，可就地打滚或用厚重衣物压灭火苗。

1.2.5.3　室内消火栓的使用

手提式灭火器的药剂含量少，喷射距离短，只适合扑救初起火灾。当火势较大时，就需要使用室内消火栓扑救。遇到交通拥堵的高峰期，消防车不能及时赶到，如果火场人员不会使用消火栓，就可能延误最佳灭火时机，致使火势迅速蔓延，酿成火灾事故。因此，掌握室内消火栓的使用方法很有必要。一般实验室建筑的走廊均安装有室内消火栓，消火栓旁张贴有使用步骤图，一般分为取出消防水带、连接消火栓和水枪、启动和灭火等六步，使用方法如图 1-6 所示。

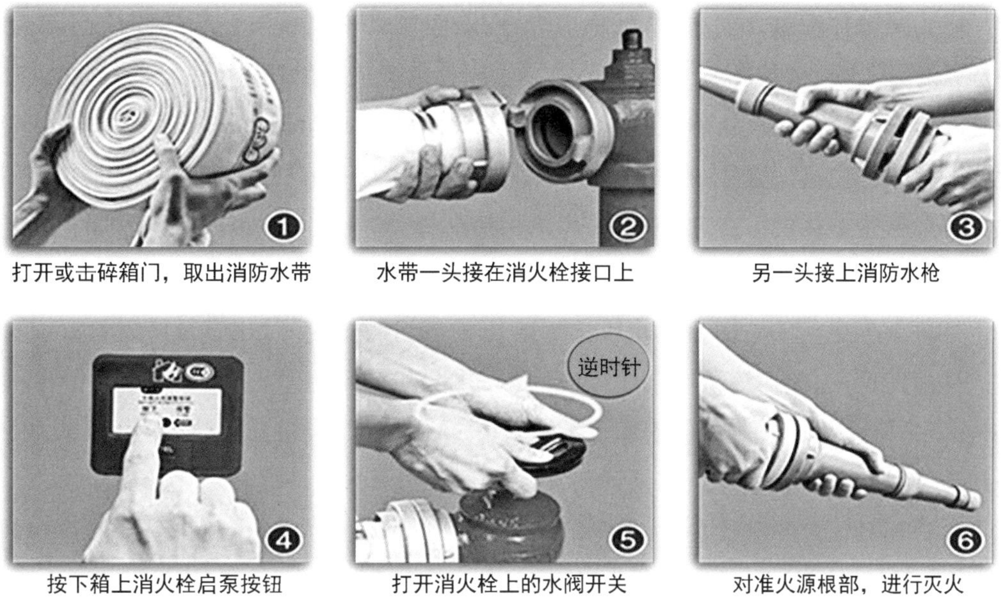

图 1-6　消防栓使用步骤

1.3 电气安全

1.3.1 电气安全风险

在高校实验室中，几乎每间实验室都涉及电，如果对电可能产生的危害认识不足，控制或管理不当，防护措施不力，在电能的传递和转换的过程中，可能会发生异常情况，造成电气事故。因此，必须重视和加强电气安全及防护的教育。本节主要介绍电气安全的相关知识和预防措施。

电气事故是电能非正常地作用于人体或系统而造成的安全事故。按照电能的不同作用形式，电气事故可分为触电伤害事故、电气系统故障事故、电气火灾爆炸事故、雷电危害事故、静电危害事故和电磁场危害事故等[17-18]。

1.3.1.1 触电伤害事故

触电伤害事故是电流通过人体时，由电能造成的人体伤害事故，可分为电击和电伤两大类。

(1) 电击

电击是电流通过人体，刺激机体组织，使肌肉非自主地发生痉挛性收缩而造成的生理伤害，严重时会破坏人体的心脏、肺部、神经系统的正常工作，甚至危及生命。人身触及带电体、漏电设备、静电、放电电容器等，都可能被电击。电击对人体的伤害程度与通过人体电流的强度、种类、持续时间、通过途径及人体状况等多种因素有关。按照人体触及带电体的方式，电击可分为单相触电、两相触电和跨步电压触电等。

(2) 电伤

能够形成电伤的电流通常比较大。电伤是电流的热效应、化学效应、机械效应等对人体所造成的伤害，属于局部伤害，多见于机体的外部，往往在机体表面留下明显的伤痕，其危险程度取决于受伤面积、受伤深度、受伤部位等，包括电烧伤、电烙印、皮肤金属化、机械性损伤、电光眼等多种伤害。

电烧伤是电流热效应造成的最常见的电伤。电烧伤可分为电流烧伤和电弧烧伤两类。

电流烧伤是电流通过人体时，因电能转换成的热能引起的伤害。人体与带电体的接触面积一般不大，人体皮肤电阻比较高，在人体皮肤与带电体接触部位产生的热量比较多，皮肤受到的烧伤比体内严重得多。电流烧伤的后果是皮肤发红、起泡、组织烧焦并坏死、肌肉和神经坏死、骨髓受伤等。此类治疗多数需要截肢，严重的会导致死亡。电流越大、通电时间越长、电流途径上的电阻越大，电流烧伤越严重。数百毫安的电流就可造成烧伤，数百安的电流则会形成严重的烧伤。在高频电流下，皮肤电容会产生旁路作用，可能会发生皮肤仅有轻度烧伤而内部组织严重烧伤的情况。由于人体接近高压带电体时会发生击穿放电，所以电流烧伤一般发生在低压电气设备或低压线路上。

电弧烧伤是最严重的电伤，是由弧光放电造成的烧伤。弧光放电时电流能量很大，电弧温度高达数千摄氏度，可造成大面积的深度烧伤，严重时能将肌体组织烘干、烧焦。电弧烧伤分为直接电弧烧伤和间接电弧烧伤。电弧发生在带电体与人体之间，有电流通过人体的烧伤称为直接电弧烧伤；电弧发生在人体附近从而对人体形成的烧伤，以及被熔化溅落的金属烫伤都称为间接电弧烧伤。直接电弧烧伤一般与电击同时发生。电弧烧伤既可以发生在高压系统中，也可以发生在低压系统中。在低压系统中，拉开带负荷的裸露闸刀开关时，产生的电弧会烧伤操作者的手部和面部；当开启式熔断器熔断时，炽热的金属微粒飞溅出来会造成灼伤；因误操作引起短路也会导致电弧烧伤。在高压系统中，误操作会产生强烈的电弧，造成严重的烧伤；人体过分接近带电体，其间距小于放电距离时，会产生强烈的弧光放电，造成电弧烧伤，严重时会造成死亡。

电烙印是指电流化学效应和机械效应产生的电伤，通常在人体和带电部分接触良好的情况下才会发生。电烙印的后果是皮肤表面留下和所接触的带电部分形状相似的圆形或椭圆形的肿块痕迹，有明显的边缘，皮肤颜色呈灰色或淡黄色，受伤皮肤硬化失去弹性，表皮坏死，形成永久性瘢痕，造成局部麻木或失去知觉。

皮肤金属化是在高温电弧的作用下，金属熔化、气化，金属微粒飞溅并渗透到皮肤表层所造成的电伤，多与电弧烧伤同时发生。皮肤金属化的后果是皮肤变得粗糙、硬化。根据人体表面渗入的不同金属，皮肤呈现不同的颜色。皮肤金属化伤害是局部性的，金属化的皮肤经过一段时间后会逐渐剥落，不会永久存在。

机械性损伤是电流作用于人体时，由于中枢神经反射、肌肉产生非自主的剧烈收缩、体内液体汽化等作用而导致的机体组织伤害。机械性损伤的后果有肌腱、皮肤、血管、神经组织断裂以及关节脱位乃至骨折等。

电光眼是弧光放电时辐射的红外线、可见光、紫外线对眼睛的伤害造成的。电光眼表现为角膜和结膜发炎，有时需要数日才能恢复视力。在短暂照射的情况下，引起电光眼的主要原因是紫外线。

另外，电击、电伤还可能造成神经伤害，例如触电人员感到难受、全身倦怠，甚至出现狂躁易怒、惊吓等症状。

1.3.1.2 电气系统故障事故

电气系统故障事故是电能在输送、分配、转换过程中失去控制而产生的、会导致人员伤亡和重大财产损失的事故。例如，断线、短路、异常接地、漏电、误合闸、误掉闸、电气设备或电气元件损坏、电子设备受电磁干扰而发生错误动作等。电气系统故障危害主要体现在异常带电和异常停电两方面。

（1）异常带电

电气系统中，原本不带电的部分因电路故障而异常带电，可导致触电事故和设备损毁事故的发生。例如，电气设备因绝缘不良使其金属外壳带电，高压电路故障接地时在接地处附近呈现出较高的跨步电压。

（2）异常停电

由于某些大型电气设备或线路故障，造成公用电网系统波动，甚至电网解裂的重大事故。异常停电可能会造成人员伤亡，例如排放有毒气体的风机因异常停电而停转，致使有毒气体超过允许浓度而危及人身安全。异常停电还可能引起电子计算机系统或其他一直需要长期运行的设备发生故障，造成难以挽回的损失。

1.3.1.3 电气火灾爆炸事故

电气火灾爆炸事故是电气引燃源引发的火灾和爆炸事故。各种电气设备在使用过程中出现短路、散热不良或灭弧失效等问题时，可能产生高温、电火花或电弧放电等引燃源，引燃易燃、易爆物品，造成火灾爆炸事故。电力变压器、多油断路器等电气设备本身就有较大的火灾和爆炸危险。开关、熔断器、插座、照明器具、电热器具、电动机等也可能引起火灾和爆炸。在火灾和爆炸事故中，电气火灾和爆炸事故占有很大的比例。由于实验室存放着较多的电气设备，电气引发的火灾也不容忽视，电气安全在实验室防火防爆中的重要性日渐凸显。

1.3.1.4 静电危害事故

静电危害事故是由静电放电引起的事故。静电具有高电位、低电量、短作用时间和受环境因素影响大等特点。在生产工艺过程中，材料的相对运动、接触与分离等原因均能产生静电。虽然静电能量不大，不会直接使人致命，但其危害事故不容忽视，主要有以下几个方面。

（1）在火灾爆炸危险场所，静电放电火花会成为可燃性物质的点火源，造成火灾和爆炸事故，所以存放易燃易挥发化学品的实验室或仓库要注意消除静电。

（2）人体受到静电电击，可能引发坠落、跌伤等二次事故。此外，对静电电击的恐惧心理还会对实验和科研产生不利影响。

1.3.1.5 电磁场危害事故

电磁场危害即射频危害，是由电磁场能量造成的事故。射频电磁场的危害主要有以下三个方面。

（1）人体在电磁场辐射下会受到不同程度的伤害。过量的辐射可引起中枢神经系统的机能障碍，出现神经衰弱症候群等临床症状；可造成植物神经紊乱，出现心率或血压异常，如心动过缓、血压下降或心动过速、高血压等；可引起眼睛损伤，造成晶体浑浊，严重时导致白内障；可使睾丸发生功能失常，造成暂时或永久的不育症，并可能使后代产生疾患；可造成皮肤表层灼伤或深度灼伤等等。

（2）高强度的电磁场会影响一些电磁敏感元器件的正常使用，电磁场产生感应放电时会造成电引爆器件发生意外爆炸。电磁感应放电对存在爆炸、火灾危险的场所来说是一个不容忽视的危险因素。

（3）当受电磁场作用产生的感应电压较高时，人会感觉到明显的电击。

1.3.2 实验室电气事故的主要特点[19]

学生进入实验室前，如果对电可能造成的危害重视不够，或管理不当、防护不利，就容易发生电气事故，例如人身伤亡、设备损坏、火灾爆炸等。电气事故具有以下四大特点。

1.3.2.1 危害严重

电气事故往往会产生重大的经济损失，甚至还可造成人员的伤亡。例如电能直接作用于人体时，会造成电击或电伤，严重时致人死亡；电能脱离正常的通道时，会形成漏电、接地或短路，成为火灾、爆炸的起因；大型设备异常停电时，可能造成整间实验室甚至整层楼、整栋楼停电，造成无法预计的后果和损失。

1.3.2.2 隐蔽性强

由于电看不见、听不见、嗅不着，本身不具备容易被人们直观识别的特征，比较抽象，但又经常用到，所以电气事故往往不易被人们理解和察觉。因此，落实电气安全措施，需要先提高人们的电气安全认知水平。

1.3.2.3 发生电气事故的环境条件复杂

电气设备可能在各种复杂环境中使用，高温高压环境如压力容器和热力管道等，易燃易爆和有毒物品环境如燃油、强酸、强碱、制氢以及制氧系统等。电气事故的发生环境相当复杂，本身潜藏着很多不安全因素，危险性大，这些都构成了对人身安全的威胁。

另外，电气事故并不仅仅局限在用电领域的触电、设备和线路故障等。在一些非用电场所，因雷电、静电和电磁场等引起的事故，也属于电气事故的范畴。

1.3.2.4 预防电气事故的综合性强

电气事故的预防，既要有技术上的措施，又要有管理上的保证，这两方面是相辅相成的。在技术方面，预防电气事故是一项综合性学科，不仅涉及电学，还要同物理学、力学、化学、生物学、医学等的知识综合起来进行研究。在管理方面，预防电气事故主要是引进安全系统工程的理论和方法，健全和完善各种电气安全组织管理措施。大量电气事故表明，出现电气事故的主要原因是安全组织管理措施不健全和安全技术措施不完善。因此，预防电气事故需要综合配套的技术和管理措施。

1.3.3 实验室电气事故的预防[19-20]

1.3.3.1 电气安全常识

（1）额定功率与峰值功率

额定功率是指用电器在稳定、持续工作状态下所能承受的最大负载，代表了一台用电设备真正的负载能力。电气设备标明的功率通常为额定功率。

峰值功率是指用电器在瞬间或者几分钟内能承受的负载，不代表真正的负载能力。

（2）漏电保护器和空气开关

漏电保护器俗称漏电开关，是用于在电路或电器绝缘受损发生对地短路时防止人身触电和电气火灾的保护电器。一旦出现人身触电和电器漏电、短路情况，漏电保护器能够自动跳闸，切断电源。漏电保护器一般安装在配电箱的插座回路上和总配电箱的电源进线上。

空气开关也称断路器，在电路中起接通、断开和承载额定工作电流的作用。空气开关是以空气为介质的自动开关，在线路发生短路、过负载的情况下会跳闸，防止电气火灾的发生。

（3）绝缘

绝缘是指利用不导电的绝缘材料将带电体进行封闭和电位隔离。良好的绝缘是保证设备和线路正常工作的必要条件，是防止直接触电的重要措施。绝缘损坏一般表现为电气击穿、机械或化学损伤、热和电等因素作用下的绝缘材料老化。

（4）保护接地

保护接地是指把在正常情况下不带电，但在事故情况下可能呈现危险的电气装置外露可导电部分(如外壳、构架或机座)与独立的接地装置紧密地连接起来,把设备上的故障电压限制在安全范围内的安全措施。保护接地适用于各种不接地电网,包括交流不接地电网和直流不接地电网,也包括低压不接地电网和高压不接地电网等。

(5) 保护接零

保护接零是指将电气设备的金属外壳与三相四线制供电系统中的中性线(俗称零线)直接相连接的保护措施。与保护接地相比,保护接零能在更多的情况下保证人身的安全,防止触电事故。保护接零适用于三相四线制中性点直接接地的低压配电系统。

1.3.3.2　正确使用电源插座

电源插座须被有效固定。使用电源插座时,负载的功率不能大于电源插座的额定功率。电源插座上均标明有额定电压和额定电流,两者乘积即为额定功率。例如,电源插座的额定电压为 250 V,额定电流为 10 A,则额定功率为 2 500 W。需要特别注意的是,在使用多联电源插座时,用电设备从插座中获得的总功率不应超过插座的额定功率。若插座上带有保险丝,更换时必须选用相同规格的保险丝,禁止用铁丝或其他金属丝代替保险丝。

1.3.3.3　合理布线

实验室的电气线路和电器安装必须符合家用和类似用途电器的安全系列标准规定,强电和弱电系统的线路要分开。严禁乱拉、乱接电线,严禁使用不合格的电器产品,禁止使用老化的线缆、花线、木质配电板、有破损的接线板、老国标接线板。电源线的载流量能满足负荷的需求,并有一定的裕度。线路布线要合理、美观,接线要牢靠。相线、零线、保护接地零线应选用不同的颜色,暗线应穿 PVC 阻燃管进行保护。要保证保护接地零线可靠、有效,严禁将单相三孔插座的保护接地零线与零线直接连接,以防在使用中因零线开路造成电器外壳带电而造成触电事故。电线接头绝缘可靠,无裸露连接线,穿越通道的线缆应有盖板或护套。禁止多个接线板串接供电,接线板不宜直接置于地面。

1.3.3.4　做好设备设施的用电管理

(1) 应根据场所特点,选择适当形式的电气设备、电气线路的导线及其保护装置。

(2) 实验室电气设备应配备空气开关和漏电保护器。

(3) 电器长期不用时,应切断电源。

(4) 部分设备设施要做好接地保护。实验室保护接地的适用范围主要包括:

① 电机、变压器、电器、携带式或移动式电器的金属底座和外壳;

② 电气设备的传动装置；

③ 屋内外配电装置的金属或钢筋混凝土构架以及靠近带电部分的金属遮拦和金属门；

④ 配电、控制、保护用的盘(台、箱)的金属框架和底座；

⑤ 交、直流电力电缆的接线盒、终端盒的金属外壳和电缆的金属护层、穿线的钢管。

爆炸和火灾危险场所内的电气设备的金属外壳必须可靠地接地(或接零)，以便在发生相线碰壳时能迅速切断电源，防止短路电流长时间通过设备而产生高温发热。

(5) 配电箱前不应有物品遮挡并便于操作，周围不应放置烘箱、电炉、易燃易爆气瓶、易燃易爆化学试剂、废液桶等；配电箱的金属箱体应与箱内保护零线或保护地线可靠连接。

(6) 保持电气设备的正常运行，如保持电气设备的电压、电流、温升等参数不超过允许值，保持电气设备足够的绝缘能力，保持电气连接良好，等等。

1.3.3.5　保持防火间距

为防止电火花或危险温度引起火灾，开关、插座、熔断器、电热器具、照明器具、电焊器具、电动机等均应根据需要，适当避开易燃易爆建筑构件。

1.3.4　电气火灾的扑救

电气火灾有两个显著特点：一是电气设备和线路可能是带电的，若不注意，可能引起触电事故；二是有些电气设备(如电力变压器)本身充有大量的油，可能发生喷油甚至爆炸事故，造成火势蔓延，扩大火灾范围。因此，对于电气火灾，必须根据其特点，采取适当的措施和方法进行扑救。用电单位发生电气火灾时，应立即组织人员使用正确方法进行扑救并做好自我保护，同时向消防部门报警。扑灭电气火灾的基本方法有切断电源和带电灭火。

1.3.4.1　切断电源

切断电源时应使用绝缘工具操作，以防止因开关设备受潮或被烟熏造成的绝缘强度下降而发生操作触电事故。

切断电源的地点要选择适当，防止切断电源后影响灭火工作。

严格执行倒闸操作顺序的规定，防止忙乱中发生误操作，从而扩大事故。对于高压设备，应先断开断路器，后拉开隔离开关。对于低压设备，应先断开磁力启动器，后拉开隔离开关，以免引起弧光短路。

剪断低压电源导线时，剪断位置应选在电源方向的支持绝缘子附近，以免断线线头下落造成短路或触电伤人。剪断非同相导线时应分别剪断，各相断口间要保持一定距离，以免造成人为短路。

1.3.4.2 带电灭火

有时为了争取灭火时间，来不及断电，或因实验和其他原因不允许断电的情况下，需要带电灭火。带电灭火需注意以下几点：

（1）根据火情适当选用灭火剂和灭火器。可使用二氧化碳、三氟甲烷或干粉等不导电的灭火剂，不能使用泡沫（水溶剂）等有导电性的灭火剂。

（2）当用水进行带电灭火操作时，灭火人员应戴绝缘手套，穿绝缘鞋或均压服。灭火时应选择喷雾水枪灭火，其通过水柱的泄漏电流较小，带电灭火比较安全。

（3）灭火人员与带电体之间应保持必要的安全距离。用水枪灭火时，额定电压220 kV及以上的带电体安全距离应大于5 m，110 kV及以下的应大于3 m。用不导电灭火剂灭火时，灭火器喷嘴至带电体的最小距离为：10 kV不小于0.4 m；35 kV不小于0.6 m。

如遇带电导线断落在地面上，要划出一定的警戒区，防止跨步电压触电。

1.3.5 触电急救

人触电以后，会出现神经麻痹、呼吸困难、血压升高、昏迷、痉挛等现象，直至呼吸中断、心脏停搏，救助不及时可能导致死亡。然而，触电急救只要方法得当，坚持不懈，就可以帮触电者挽救生命。

现场抢救触电者的原则是八字方针“迅速、就地、准确、坚持”。触电急救的第一步是使触电者迅速脱离电源，第二步是现场救护。

1.3.5.1 脱离电源

电流对人体的作用时间越长，对生命的威胁越大。所以，触电急救的关键是首先要使触电者迅速脱离电源。

（1）脱离低压电源的方法

脱离低压电源的方法可用“拉”“切”“挑”“拽”和“垫”五字来概括。救护人员应根据触电现场的具体情况，选择最恰当的方法。

“拉”——就近拉开电源开关、拔出插销或瓷插保险。此时应注意拉线开关和板把开关是单极的，只能断开一根导线。有时由于安装不符合规程要求，把开关安装在零线上，此时虽然断开了开关，但人身触及的导线可能仍然带电，不能认为已切断电源。

“切”——用带有绝缘柄的利器切断电源线。当电源开关、插座或瓷插保险距离触电现场较远时，可用带有绝缘手柄的电工钳或有干燥木柄的斧头、铁锨等利器将电源线切断。切断时应防止带电导线断落触及周围的人体。多芯绞合线应分相切断，以防短路伤人。

“挑”——如果导线搭落在触电者身上或压在身下，这时可用干燥的木棒、竹竿等挑开导线或用干燥的绝缘绳套拉开导线或触电者，使之脱离电源。

“拽”——救护人可戴上手套或在手上包缠干燥的衣服、围巾、帽子等绝缘物品拖拽触电者，使之脱离电源。如果触电者的衣裤是干燥的，又没有紧缠在身上，救护人可直接用一只手抓住触电者不贴身的衣裤，将触电者拉脱电源。但要注意拖拽时切勿触及触电者的体肤。救护人亦可站在干燥的木板、木桌椅或橡胶垫等绝缘物品上，用一只手把触电者拉脱电源。

“垫”——如果触电者由于手指痉挛紧握导线或导线缠绕在身上，救护人可先用干燥的木板塞进触电者身下使其与地绝缘来隔断电源，然后再采取其他办法切断电源。

（2）脱离高压电源的方法

由于高压装置的电压等级高，一般绝缘材料无法保证救护人员的安全，而且高压电源开关距离现场较远，不便拉闸。因此，使触电者脱离高压电源的方法与脱离低压电源的方法有所不同，通常的做法有以下几种。

a. 立即电话通知有关供电部门拉闸停电。

b. 如电源开关离触电现场不太远，则可戴上绝缘手套，穿上绝缘靴，拉开高压断路器，或用绝缘棒拉开高压跌落保险以切断电源。

c. 往架空线路抛挂裸金属软导线，人为造成线路短路，迫使继电保护装置动作，从而使电源开关跳闸。抛挂前，将短路线的一端先固定在铁塔或接地引线上，另一端系重物。抛掷短路线时，应注意防止电弧伤人或断线危及人员安全，也要防止重物砸伤人。

d. 如果触电者触及断落在地上的带电高压导线，且尚未确证线路无电之前，救护人不可进入断线落地点 8～10 m 的范围内，以防止跨步电压触电。进入该范围的救护人员应穿上绝缘靴或临时双脚并拢跳跃地接近触电者。触电者脱离带电导线后应迅速将其带至 8～10 m 以外立即开始触电急救。只有在证实线路已经无电时，才可在触电者离开触电导线后就地急救。

1.3.5.2 现场救护

触电者脱离电源后，应立即就地进行抢救，不要长途送往供电部门、医院抢救，或者消极地等待医生的到来，以免耽误抢救时间。从触电时算起，1分钟内及时抢救，救生率90%左右；4分钟内抢救，救生率10%左右；超过10分钟，救活的可能性很小。在现场施行正确的救护的同时，派人通知医务人员到现场并做好将触电者送往医院的准备工作。根据触电者受伤害的轻重程度，现场救护有以下几种抢救措施。

(1) 触电者未失去知觉的抢救措施

如果触电者所受的伤害不太严重，神志尚清醒，只是心悸、头晕、出冷汗、恶心、呕吐、四肢发麻、全身乏力，甚至出现昏迷，但未失去知觉，则应让触电者在通风暖和的处所静卧休息，并派人严密观察，同时请医生前来或送往医院诊治。

(2) 触电者已失去知觉(心肺正常)的抢救措施

如果触电者已失去知觉，但呼吸和心跳尚正常，则应使其舒适地平卧着，解开衣服以利呼吸，四周不要围观人，保持空气流通。冷天时应注意保暖，同时立即请医生前来或送往医院诊察。若发现触电者呼吸困难或心跳失常，应立即施行人工呼吸或胸外心脏按压。

(3) 对“假死”者的急救措施

如果触电者呈现“假死”，即所谓电休克现象，则可能有三种临床症状：一是心跳停止，但尚能呼吸；二是呼吸停止，但心跳尚存(脉搏很弱)；三是呼吸和心跳均已停止。“假死”症状的判定方法是“看”“听”“试”。“看”是观察触电者的胸部、腹部有无起伏动作；“听”是用耳贴近触电者的口鼻处，听他有无呼气声音；“试”是用手或小纸条试测口鼻有无呼吸的气流，再用两手指轻压一侧(左或右)喉结旁凹陷处的颈动脉试测有无搏动感觉。如果“看”“听”“试”的结果为既无呼吸又无颈动脉搏动，则可判定触电者呼吸停止或心跳停止或呼吸心跳均停止。

当判定触电者呼吸和心跳停止时，应立即按心肺复苏法就地抢救。所谓心肺复苏法就是通畅气道、口对口(鼻)人工呼吸、胸外按压(人工循环)等三项支持生命的基本措施。

a. 通畅气道

若触电者呼吸停止，抢救时要始终确保气道通畅。如发现触电者口内有食物、假牙、血块等异物，可将其身体及头部同时侧转，迅速用一个手指或两个手指交叉从口角处插入，从中取出异物，操作中要注意防止将异物推到咽喉深处。另外可以采用仰头抬颌法通畅气道。操作时，救护人用一只手放在触电者前额，另一只手的手指将其颏颌骨向上抬起，两手协同将头部推向后仰，舌根自然随之抬起，气道即可畅通。为使触电者头部后仰，可于其颈部下方垫适量厚度的物品，但严禁用枕头或其他物品垫在触电者头下，因为头部抬高前倾会阻塞气道，还会使施行胸外按压时流向脑部的血量减小，甚至完全消失。

b. 口对口(鼻)人工呼吸

人工呼吸主要是通过人工的机械方法促使肺部扩张和收缩，达到气体交换的目的。

第一，救护人蹲跪在触电者的左侧或右侧；用放在触电者额上的手的手指捏住其鼻翼，另一只手的食指和中指轻轻托住其下巴；救护人深吸气后，与触电者口对口紧合，在不漏气的情况下，先连续大口吹气两次，每次 1～1.5 s；然后用手指试测触电者颈动脉是否有搏动，如仍无搏动，可判断心跳确已停止，在施行人工呼吸的同时应进行胸外按压。

第二，大口吹气两次试测颈动脉搏动后，立即转入正常的口对口人工呼吸阶段。正常的吹气频率是每分钟约 12 次。但吹气量不需过大，以免引起胃膨胀，如触电者是儿童，吹气量宜小些，以免肺泡破裂。救护人换气时，应将触电者的鼻或口放松，让他借自己胸部的弹性自动吐气。吹气和放松时要注意触电者胸部有无起伏的呼吸动作。吹气时如有较大的阻力，可能是头部后仰不够，应及时纠正，保持气道畅通。

第三，如触电者牙关紧闭，可用口对鼻人工呼吸。吹气时要将触电者嘴唇紧闭，防止漏气。

c. 胸外按压

胸外按压是借助人力使触电者恢复心脏跳动的急救方法。其有效性在于选择正确的按压位置和采取正确的按压姿势。

第一，确定正确的按压位置。将触电者仰卧在硬板上或地面上，不能卧在软床上或垫上厚软物件，否则会抵消挤压效果。右手的食指和中指沿触电者的右侧肋弓下缘向上，找到肋骨和胸骨接合处的中点。右手两手指并齐，中指放在切迹中点(剑突底部)，食指平放在胸骨下部，另一只手的掌根紧挨食指上缘置于胸骨上，掌根处即为正确按压位置。

第二，采取正确的按压姿势。按压有效的标志是在按压过程中可以触到颈动脉搏动。接压步骤为：使触电者仰面躺在平硬的地方并解开其衣服，仰卧姿势与口对口(鼻)人工呼吸法相同。救护人立或跪在触电者一侧肩旁，两肩位于触电者胸骨正上方，两臂伸直，肘关节固定不屈，两手掌相叠，手指翘起，不接触触电者胸壁。以髋关节为支点，利用上身的重力，垂直将正常成人胸骨压陷 3～5 cm(儿童和瘦弱者酌减)。压至要求程度后，立即全部放松，但救护人的掌根不得离开触电者的胸壁。

第三，恰当的按压频率。胸外按压要以均匀速度进行。操作频率以每分钟 80 次为宜，每次包括按压和放松一个循环，按压和放松的时间相等。当胸外按压与口对口

(鼻)人工呼吸同时进行时，操作的节奏为：单人救护时，每按压 15 次后吹气 2 次(15：2)，反复进行；双人救护时，每按压 15 次后由另一人吹气 1 次(15：1)，反复进行。

(4) 慎用药物

人工呼吸和胸外按压是对触电“假死”者的主要急救措施，任何药物都不可替代。必须强调指出的是，对触电者用药或注射针剂，应由有经验的医生诊断确定，慎重使用。例如肾上腺素有使心脏恢复跳动的作用，但也可使心脏由跳动微弱转为心室颤动，从而导致触电者心跳停止而死亡，这方面的教训是不少的。因此，现场触电抢救中，对使用肾上腺素等药物应持慎重态度。此外，禁止采取冷水浇淋、猛烈摇晃、大声呼唤或架着触电者跑步等“土”办法刺激触电者的举措，因为人体触电后，心脏会发生颤动，脉搏微弱，血流混乱，如果在这种险象下用上述办法强烈刺激心脏，会使触电者因急性心力衰竭而死亡。

1.3.5.3　电伤的处理

电伤是触电引起的人体外部损伤(包括电击引起的摔伤)、电灼伤、电烙伤、皮肤金属化这类组织损伤，需要到医院治疗。但现场也必须作预处理，以防止细菌感染，扩大损伤。这样，可以减轻触电者的痛苦和便于转送医院。

(1) 对于一般性的外伤创面，可用无菌生理盐水或清洁的温开水冲洗后，再用消毒纱布防腐绷带或干净的布包扎，然后将触电者护送去医院。

(2) 如伤口大出血，要立即设法止住。压迫止血法是最迅速的临时止血法，即用手指、手掌或止血橡皮带在出血处供血端将血管压瘪在骨骼上而止血，同时火速送医院处置。如果伤口出血不严重，可用消毒纱布或干净的布料叠几层盖在伤口处压紧止血。

(3) 高压触电造成的电弧灼伤，往往深达骨骼，处理方法十分复杂。现场救护可用无菌生理盐水或清洁的温开水冲洗，再用酒精全面涂擦，然后用消毒被单或干净的布类包裹好送往医院处理。

(4) 对于因触电摔跌而骨折的触电者，应先止血、包扎，然后用木板、竹竿、木棍等物品将骨折肢体临时固定并速送医院处理。

本章习题

1. 最常见的电伤有(　　)。

A. 电灼伤　　B. 电烙伤　　C. 皮肤金属化　　D. 以上都是

2. 避雷针应尽可能采用独立的接地装置，接地电阻一般不大于(　　)Ω。

A. 4　　B. 10　　C. 20　　D. 30

3. 不可以接入漏电保护装置的是(　　)。

A. 地线　B. 保护线　C. 中性线　D. 零线

4. 产生电弧或火花,电气设备最严重的一种故障状态是(　　)。

A. 短路　B. 过载　C. 欠压　D. 过压

5. 成年男性平均摆脱电流约为(　　)mA,成年女性的约为(　　)mA。

A. 1.1;0.7　B. 16;10.5　C. 9;6　D. 10;5

6. 电能是一种方便的能源,它的应用给人类创造了巨大的财富。现代实验室中存在大量电气设备,电气事故发生灾害形式可分为(　　)。

①人身事故;②设备事故;③电气火灾;④爆炸事故

A. ①③④　B. ①②④　C. ②③④　D. ①②③④

7. 电气事故按照能量形式和来源可分为(　　)。

①触电事故;②静电事故;③雷电事故;④电路危害;⑤射频危害

A. ①②④⑤　B. ①③④⑤　C. ①②③④　D. ①②③④⑤

8. 实验室电气防火防爆措施有(　　)

①加强电气设备的维护和管理。②合理选择安装位置,保持必要的安全间距。③保证设备通风良好,防止设备过热。④必须按照规定接地。⑤杜绝设备超负荷运行。⑥采用耐火设施,提高实验室装置、器械、家具的耐火性能,室内必须配备灭火装置。

A. ①②③⑤⑥　B. ①②③④⑥

C. ①②④⑤⑥　D. ①②③④⑤⑥

9. 引发电气火灾的原因有(　　)。

①过载;②短路;③接触不良;④电弧和火花;⑤摩擦

A. ②③④⑤　B. ①③④⑤　C. ①②④⑤　D. ①②③④⑤

第2章

化学安全

危险化学品安全管理主要依据国务院《危险化学品安全管理条例》，其他相关法律法规规章还有国务院《易制毒化学品管理条例》、公安部《易制爆危险化学品治安管理办法》等。

2.1 危险化学品基本知识

2.1.1 危险化学品的基本概念

根据国务院《危险化学品安全管理条例》第三条，危险化学品是指具有毒害、腐蚀、爆炸、燃烧、助燃等性质，对人体、设施、环境具有危害的剧毒化学品和其他化学品。《危险化学品目录》(2015 版)共列有 2 828 类危险化学品，其中需要特别注意的是 148 种剧毒化学品。剧毒化学品是指具有剧烈急性毒性危害的化学品，包括人工合成的化学品及其混合物和天然毒素，还包括具有急性毒性、易造成公共安全危害的化学品。《危险化学品目录》(2015 版)规定了剧烈急性毒性判定界限。急性毒性类别 1，即满足下列条件之一：大鼠实验，经口 $LD_{50} \leqslant 5$ mg/kg，经皮 $LD_{50} \leqslant 50$ mg/kg，吸入(4 h) $LC_{50} \leqslant 100$ mL/m^3(气体)或 0.5 mg/L(蒸气)或 0.05 mg/L(尘、雾)。经皮 LD_{50} 的实验数据，也可使用兔实验数据。

根据《易制毒化学品管理条例》附表《易制毒化学品的分类和品种目录》和《易制爆危险化学品名录》(2017 版)，丙酮、盐酸等易制毒化学品和硝酸、金属锂等 74 种易制爆化学品为管控类化学品，实行特别管理。

2.1.2 危险化学品的分类

危险化学品可以按照其物理、健康和环境危险这 3 个大类进行分类。相关危险的详细说明和安全规范可依据《化学品分类和标签规范》(GB 30000)系列标准[20-21]。

按物理危险分成 16 类：①爆炸物；②易燃气体；③易燃气溶胶；④氧化性气体；⑤压力下气体；⑥易燃液体；⑦易燃固体；⑧自反应物质或混合物；⑨自热物质和混合

物；⑩自燃液体；⑪自燃固体；⑫遇水放出易燃气体的物质或混合物；⑬金属腐蚀剂；⑭氧化性液体；⑮氧化性固体；⑯有机过氧化物。

按健康危险分成 10 类：①急性毒性；②皮肤腐蚀/刺激；③严重眼损伤/眼刺激；④呼吸或皮肤过敏；⑤生殖细胞致突变性；⑥致癌性；⑦生殖毒性；⑧特异性靶器官系统毒性——一次接触；⑨特异性靶器官系统毒性——反复接触；⑩吸入危险。

环境危险主要指的是危害水生环境，分为急性水生毒性和慢性水生毒性。

2.1.3 化学品安全技术说明书

2.1.3.1 基本内容

化学品安全技术说明书（Material Safety Data Sheet，MSDS），是化学品的生产商或供应商按照相关法律要求向下游用户提供的化学品基本信息。根据联合国 GHS 制度、欧盟 REACH 法规、国际标准 ISO 11014，我国相关标准 GB 16483 和 GB 17519 等[22-23]最新规章标准的规定，化学品安全技术说明书由 16 部分信息组成：①化学品及企业标识；②危险性概述；③成分/组成信息；④急救措施；⑤消防措施；⑥泄漏应急处理；⑦操作处置与储存；⑧接触控制和个体防护；⑨理化特性；⑩稳定性和反应性；⑪毒理学信息；⑫生态学信息；⑬废弃处置；⑭运输信息；⑮法规信息；⑯其他信息。通过安全技术说明书，用户可以对产品的组成成分、理化性质、废弃处置、操作处置与储存、急救措施、消防措施等 16 个方面的内容有一个全面的认识，从而达到安全使用、预防事故的目的。

2.1.3.2 要求说明

在开始做实验之前，必须对在实验过程当中需要使用的化学品有一个全面、清醒的认识，这时就必须要参阅化学品安全技术说明书。通常而言，所需使用的化学品的相应化学品安全技术说明书可通过查询相关化工企业的 MSDS 数据库或通过 MSDS 数据平台获得。

除此之外，参阅化学品安全技术说明书的过程中最常见的问题就是对于同样一个产品，会有好几个版本的化学品安全技术说明书。造成这一现象主要有两个原因：①化学品安全技术说明书使用国家或地区不同，导致管理该化学品的法规信息和标签信息等也会有所区别。②每个公司生产的原料成分配比等其他数据都不尽一致，所以出现了很多版本的化学品安全技术说明书。如果遇到第二种状况，可以互相验证。通常而言，行业领军企业的化学品安全技术说明书是相对专业可靠的。

2.1.4 危险化学品安全标签

2.1.4.1 基本内容

安全标签是根据国家标准《化学品安全标签编写规定》（GB 15258—2009），用文字、图形符号和编码的组合形式来简明扼要地表示化学品所具有的危险性和安全注意事项[24]。一般安全标签都粘贴、喷印在包装或容器的明显位置,方便使用人随取随看。对于不超过 100 mL 的小包装化学品,安全标签要素可以简化。危险化学品可参照《危险化学品目录》(2015 版)进行查询。图 2-1 为在容器明显位置张贴安全标签示例。

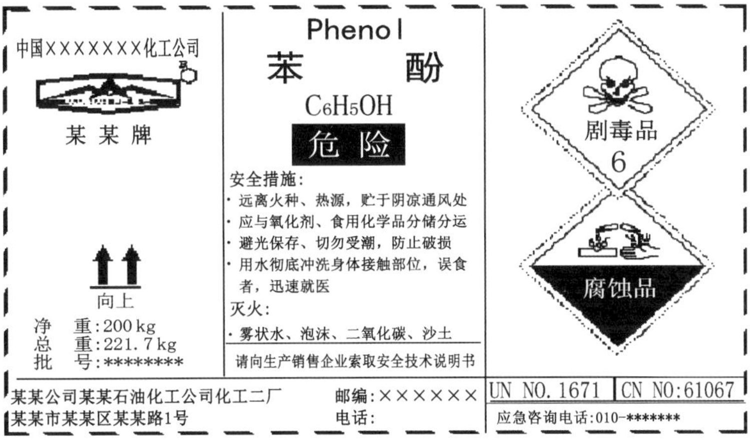

图 2-1　在容器明显位置张贴安全标签示例

2.1.4.2　要求说明

在存储和使用化学品之前,一定要特别注意安全标签上的内容,严格按照标签上的危险提示和安全措施要求进行自我防护。如有任何疑问,可以查询该药品的 MSDS 或拨打标签下方的应急咨询电话。除此之外,还可以通过查看化学品包装上的标准符号,来快速判断其具有何种危险性,如图 2-2 所示。

图 2-2　全球化学品统一分类和标签制度中应当使用的标准符号

2.2 危险化学品的安全管理[25]

2.2.1 危险化学品的采购

采购危险化学品的人员，应按国家有关规定到公安、卫生防疫等有关部门申请领取购买凭证并凭证件购买。同时应查看相关供应商的经营许可资质证书复印件。近年来，国内各高校根据自己的管理需求建立危险化学品采购系统。例如，同济大学实行危险化学品线上申购制度，各实验室在同济大学危险品申购系统网站（cgmall.tongji.edu.cn）上完成申购。

2.2.2 危险化学品的储存

2.2.2.1 危险化学品储存的基本要求

（1）实验室应建立危险化学品的试剂目录（包括存放位置等信息）和动态使用台账，目录要及时更新，台账要及时记录，注意每一种危化品都要单独进行记录，不得将不同的危化品记在同一页纸上，还需定期清理废旧试剂。

（2）应在实验室内放置一些危害程度高的危险化学品的安全技术说明书（MSDS）或安全周知卡，方便随时取阅。

（3）实验室应设有专门储存危险化学品的空间且保证使用防火材料隔离，该空间要通风、隔热、避光，确保安全。

（4）根据教育部《高等学校实验室安全检查项目表》，实验室储存危险化学品的总量原则上不得超过100 kg或100 L，其中易燃易爆品上限为50 kg或50 L，单个包装容器不应超过20 kg或20 L，以上为50 m^2 面积大小的实验室的存放量标准。

2.2.2.2 一般危险化学品储存的通用规则

（1）化学试剂的存放位置不得高于1.5 m，尤其是液体试剂应尽量存放在视线高度以下，不得叠放，以防取用时发生意外。

（2）不要将化学试剂直接存放在地面上，也不要放置在水槽或者烘箱附近。

（3）不要使用通风橱储存化学试剂，这样会干扰橱内空气流动，如果橱内有加热设备，还容易引发火灾。

（4）装有试剂的试剂瓶不得开口，使用完毕后一定要重新密封，并放回原位，若瓶身、瓶盖或者标签有损坏，要及时更换。化学品标签应显著完整清晰，标明相应的危险等级和警示标志。当化学品由原包装物转移或分装到其他包装物内时应及时重新粘贴标识。化学品标签脱落后应及时补上，如不能确认，则以不明废弃化学品处置。

(5) 易挥发的试剂要保存在通风良好的阴凉处；易燃化学试剂要远离热源、火源、电源，不得与可燃物放在一起，最好单独存放在防燃爆的专用存储柜中(图 2-3 左)；腐蚀性强的试剂，可以存放于防腐蚀柜中(图 2-3 右)，或使用二次容器或者二次防泄漏托盘。

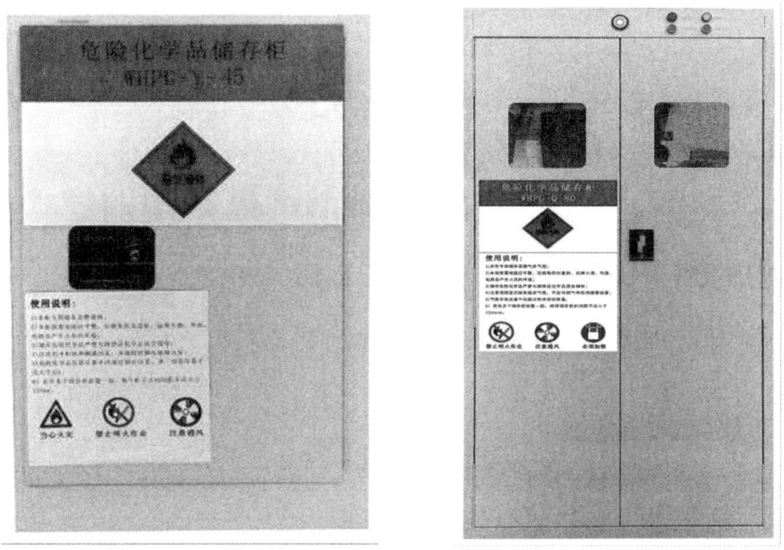

图 2-3 危险化学品储存柜示例

(6) 由于普通冰箱的阀门容易产生电火花，可能会点燃冰箱中挥发的易燃气体而导致爆炸事故，所以普通冰箱不得存放易燃且容易挥发的试剂如丙酮、乙醚、醋酸等；如需冷藏，请储存在符合国家或者国际标准的防爆冰箱内，并应符合 IECEx，ATEX，NEC，CE 等认证标准。

(7) 配伍禁忌化学品严禁混存，固体、液体不得混放(一般固上液下)，氧化和还原化学品不得混放，有机和无机化学品需分开。

(8) 管制类化学品(易制爆、易制毒)存放时除了要按照上述规则分类存放，还需要实行双人双锁保管，最好配备监控与报警装置，并用单独的台账记录本进行记录。

(9) 储存危险化学品的实验室必须配备有相应的收集器材(如吸附棉)和消防器材(灭火毯、灭火器)。

一些常见的危险化学品的错误存放示例及正确做法如表 2-1 所示。

表 2-1 常用的危险化学品错误存放示例及正确做法

错误存放示例	安全风险	正确做法
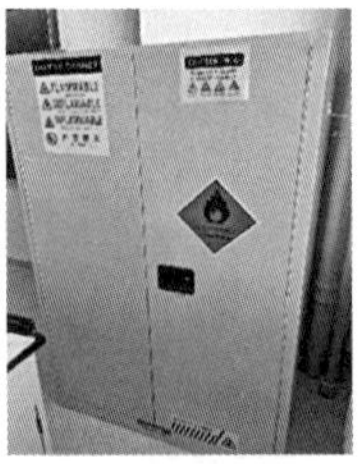	危险化学品无化学品安全技术说明书	实验室使用的危险化学品应配备相应的危险化学品安全技术说明书或安全周知卡，方便随时取阅
	易燃化学品直接放在地面保存	易燃化学品应放置于有防火功能的储存柜中保存
	互为禁忌的化学品混放	化学品应有序分类存放，固体液体不混乱放置（一般固上液下），互为禁忌的化学品应各自有独立空间存放，严禁混存，有机与无机化学品需分开
	烘箱旁存放易燃试剂石油醚	易燃化学试剂要远离热源、火源、电源，并储存在特定的有机溶剂储存区
	实验室内存放大量的危险化学品	化学试剂的存放位置不得高于 1.5 m，不堆积危险化学品，如需大量储存应存储在危险化学品专用仓库内
	冰箱内存放无标签、大量、不明液体；或标签腐蚀严重无法分辨	实验室内使用容器承装试剂，并张贴新的标签注明试剂名称、使用人等信息，如不能确认，则以不明废弃化学品处置

一些常用的危险化学品存储条件如表 2-2 所示。

表 2-2　常用的危险化学品存储条件

名称	存储条件
乙酸乙酯	阴凉、通风，库温不宜超过 30 ℃，与氧化剂、酸类、碱类分开存放
异丙醇	阴凉、通风，库温不宜超过 30 ℃，与氧化剂、酸类、卤素等分开存放
三氯甲烷	阴凉、通风，库温不超过 30 ℃，湿度不超过 80%，与碱类、铝分开存放
四氢呋喃	阴凉、通风，库温不宜超过 30 ℃，与氧化剂、酸类、碱类等分开存放
二氯甲烷	通风、阴凉，库温不超过 30 ℃，相对湿度不超过 80%，与碱金属分开存放
甲苯	阴凉、通风，库温不宜超过 30 ℃，与氧化剂分开存放
四氯化碳	阴凉、通风，库温不超过 30 ℃，相对湿度不超过 80%，与氧化剂、活性金属粉末分开存放
盐酸	阴凉、通风，库温不超过 30 ℃，相对湿度不超过 85%，与碱类、胺类、碱金属、易(可)燃物分开
冰醋酸	通风良好，远离火源，控制温度在 16.6 ℃以上以避免结冰
浓硫酸	阴凉、通风，库温不超过 35 ℃，湿度不超过 85%，与易(可)燃物、还原剂、碱类、碱金属分开存放
浓硝酸	阴凉、通风，库温不宜超过 30 ℃，与还原剂、碱类、醇类、碱金属等分开存放
甲醇	阴凉、通风，库温不宜超过 30 ℃，与氧化剂、酸类、碱金属等分开存放
乙醇	阴凉、通风，库温不宜超过 30 ℃，与氧化剂、酸类、碱金属、胺类等分开存放
高锰酸钾	阴凉、通风，库温不超过 32 ℃，相对湿度不超过 80%，与还原剂、活性金属粉末等分开存放
叠氮化钠	阴凉、通风，库温不宜超过 30 ℃，与氧化剂、酸类、活性金属粉末分开存放，切忌混储
汞	干燥、通风，储存量一般不得高于瓶子的 1/3 容量，需要在瓶外再加二次防泄漏容器(最好是塑料)，并加水密封；与氯酸盐、硝酸盐、热硫酸等混合可发生爆炸；与叠氮化物、乙炔或氨反应可生成爆炸性化合物；与乙烯、氯、三氮甲烷、碳化钠接触会引起剧烈反应，切忌混储
液溴	阴凉、通风，远离火种、热源，库温应保持在 -5 ℃～25 ℃，需要遮光保存在棕色瓶里，并加水液封；应与还原剂、碱金属、易(可)燃物、金属粉末等分开存放，切忌混储
钠、钾	阴凉、通风，远离火种、热源，库温不超过 25 ℃，相对湿度不超过 75%，浸于煤油中，密封于载有石油蜡的玻璃瓶内，不可与空气接触，与氧化剂、酸类、卤素等分开存放，切忌混储

（续表）

名称	存储条件
丙酮	阴凉、通风，远离火种、热源，仓内温度不宜超过 29 ℃，与氧化剂分开存放，切忌混储
氨	阴凉、通风，远离火种、热源，库温不宜超过 30 ℃，保持容器密封，应与酸类、金属粉末等分开存放，切忌混储
乙醚	阴凉、通风，远离火种、热源，防止阳光直射，包装要求密封，不可与空气接触，不宜大量或久存，与氧化剂、氟、氯等分开存放
固体氢氧化钠（钾）	阴凉、干燥、通风，相对湿度不超过 85%，远离火源、热源，包装必须密封，切勿受潮，与易（可）燃物、酸类分开存放
过氧化氢	阴凉、通风的库房，远离火种、热源，库温不宜超过 30 ℃，保持容器密封。应与易（可）燃物、还原剂、活性金属粉末等分开存放，切忌混储
黄磷（白磷）	阴凉、通风，远离火种、热源，应保存在水中，且必须浸没在水下，隔绝空气，与氧化剂、酸类、卤素、食用化学品分开存放，切忌混储

2.2.3 危险化学品的使用

在实验室使用危险化学品之前，必须全面了解其安全性能，包括易燃易爆性、腐蚀性、毒性、放射性，是否有强氧化性和挥发刺激性气体等，使用时才能采取有针对性的安全防护措施，以避免造成不必要的危害。使用前要仔细阅读技术说明书，严格按照操作规程操作；实验操作前要按照实验室的安全要求穿戴好个人防护用品，必要时需戴上防护眼镜；实验时要精神集中，严禁进食，饮水。操作中常见的具体注意事项如下。

（1）在每次做实验之前，要设计好实验方案，要尽可能避免使用高毒、易爆类型的化学品，要尽可能降低反应投放量，不得随意加大。

（2）对于风险较高的化学实验，必须事先将实验方案递交给导师或者相关教师进行风险评估，经批准后方可进行实验，个人不得私自进行高风险实验。

（3）实验操作要严格按照实验指导书、安全操作规程进行，不得随意改动。

（4）使用危险化学品应先阅读其 MSDS 或安全周知卡，了解其危险性、防护措施、急救措施、消防措施等信息。

（5）对于实验中使用的危险化学品要做好使用台账记录，做到账目相符。

（6）使用剧毒化学品需两人同时在场，按照最小需求量称取，称取后立即归还到剧毒品仓库，同时详细记载种类、用途、称取数量、使用人、陪同人，然后双人签字，使用记录要长期保存，并按要求上报给公安局。

(7) 苯、四氯化碳、乙醚、硝基苯等的蒸气会引起中毒，久嗅会使人嗅觉减弱，所以相关操作应在通风橱中进行。

(8) 对于产生有毒有害废气的实验，应在通风橱中进行，同时在实验装置尾端配好气体吸收装置进行第一级处理，从而减少废气中有害成分的排放。

(9) 通风橱内严禁进行爆炸性实验。

(10) 有些危险化学品，如叠氮铝、乙炔银、乙炔铜、高氯酸盐、过氧化物等受震和受热都易引起爆炸，使用要特别小心。

(11) 久藏的乙醚使用前应除去其中可能产生的过氧化物。

(12) 许多有机溶剂如乙醚、丙酮、乙醇、苯等非常容易燃烧，使用时室内不能有明火、电火花或静电。

(13) 使用硫酸时，必须将硫酸缓慢加入水中并不断搅拌，以防飞溅烫伤皮肤和衣服。

(14) 使用金属钾、钠、锂、钙、氢化铝等，要避免它们与水直接接触。

(15) 在使用强氧化性化学试剂时，环境温度不得高于 30 ℃，通风要良好，并不要与有机物或还原性物质共同使用(加热)。

(16) 所有分类摆放的试剂用后立即放回原处，使用统一配制标签，且字迹要清晰，绝不允许装入与标签不符的物品。

一些常见的实验操作及其注意事项如表 2-3 所示。

表 2-3　常见的实验操作及其注意事项

实验操作	注意事项
减压蒸馏	在进行减压蒸馏前，一定要仔细检查玻璃容器(接收瓶严禁用锥形瓶)是否有瑕疵，在实验过程中必须戴上防护用具(如护目镜)，不得靠近反应装置，以防在减压时玻璃容器受外在大气压力的压迫而爆裂，击伤实验人员。蒸馏时要慎重对待爆炸或者不安定物质，不可过度蒸馏残渣
回流操作	不要忘记加入沸石(如果本身有固体粉末原料，可以当作沸石)；如果忘记加入沸石，千万不能在液体很热的时候加入，否则会激发液体的本身过热能量，造成液体冲料；在使用可燃性溶剂时，还需注意附近绝对不能有明火存在
萃取	旋转分液漏斗时，应关闭玻璃塞和活塞，防止液体流出，并且要不时旋开活塞放气，以防止分液漏斗内压强过大引起危险；如果采用乙醚进行萃取，一定要注意做好个人防护，且周围不能有明火
过滤	对于那些摩擦或冲击敏感的物质，过滤其溶液时不要用玻璃滤器之类的容易产生摩擦热的器具

个体防护是保护人身安全的最后一道屏障，对避免身体伤害十分必要和有效，所以进入实验室必须要穿戴好必要的防护用具。

一般化学实验室的个人防护手段有以下四种。①眼睛及脸部的防护，主要包括防护眼镜、防护面罩、呼吸系统防护用具等；②手的防护，根据需要可以佩戴聚乙烯一次性手套、乳胶手套、橡胶手套、帆布手套等；③身体防护：不穿凉鞋、拖鞋、高跟鞋，不披头散发，必须穿好工作服，必要时戴安全帽；④卫生习惯防护：经常洗手、洗澡和清洗工作服，不在实验室内吃饭、饮水、吸烟。

一些需要特别注意的危险化学品防护措施如表 2-4 所示。

表 2-4　需要特别注意的危险化学品防护措施

名称	防护措施
汞	建议佩戴自吸过滤式防毒面具(半面罩)，戴化学安全防护眼镜，戴橡胶手套
氟化氢(或其他强酸)	建议佩戴自吸过滤式防毒面具(全面罩)，穿橡胶耐酸碱服，戴橡胶耐酸碱手套
二氯甲烷	建议操作人员佩戴直接式防毒面具(半面罩)，戴化学安全防护眼镜，穿防毒物渗透工作服，戴防化学品手套
氨	建议佩戴过滤式防毒面具(半面罩)，戴化学安全防护眼镜，穿防静电工作服，戴橡胶手套
甲醛	建议佩戴自吸过滤式防毒面具(全面罩)，穿橡胶耐酸碱服，戴橡胶手套

2.2.4　危险化学品废弃物的处置

危险废弃物处置应遵循区别对待原则、分类处置原则、集中处置原则和无害化处置原则进行严格管制。实验后的反应物残渣、废液不能随便倒掉，应倒入指定容器内；尤其是一些易燃、有强腐蚀性、有毒的危险品(如白磷、金属钠、浓酸、有机溶剂及毒品等)，必须经过妥善处理后才能倒入废液缸中，不得挪作它用或擅自丢弃，并做好相关记录。

在高校，危险化学品废弃物的处置通常是一个严谨而复杂的过程，必须符合严格的法规和安全标准。处理这些废弃物需要综合考虑以下几个方面。

(1) 分类和登记

首先，对废弃物进行准确的分类和标识。其次，确定废物的类型，包括毒性、易燃性、腐蚀性等等。最后，建立一个详细的清单或数据库，包括每种废物的数量、类型和特性。

（2）安全存储

确保废弃物在存储过程中不会对人员或环境造成危害。使用符合规定的容器和标识储存这些废物，以防止泄漏或污染。

（3）合规处置

遵守相关法规和规定，寻求符合标准的废物处置方案。可能需要与具有相关资质的专业的废物处理公司合作，确保废物以符合法规的方式处置。

（4）减量和资源化

尽可能减少危险化学品废弃物的产生。通过实行节约使用化学品的措施，促进废物的再利用或回收。这可以包括重新评估实验室实验设计、采用更环保的化学品等方法。

（5）培训和意识提升

对处理废弃物的相关人员进行专业培训，指导他们正确处理和处置危险废物的方法。增加他们对废弃物处置过程中风险的认识，并建立紧急处理预案。

（6）环境监测

进行定期的环境监测，包括对地下水、土壤和空气质量的监测，确保废物处置不对周围环境造成污染或危害。

（7）持续改进

定期评估和审查现有的废物处置流程，并寻求改进的方法。持续改进流程以确保符合最佳的环保标准和安全实践。

高校应建立专门的管理机构或团队，负责废弃物的处理和管理，以确保安全、合规性和环保性。这些步骤都是为了最大限度地减少对环境和健康的潜在危害。

2.2.5　实验气体管理

（1）要从合格的供应商处购买实验气体，建立实验室气瓶台账，气瓶应由具有“特种设备制造许可证”的单位生产。

（2）在验收气瓶时，要做到“三查”：一查钢瓶是否有电子标签，检测标识、瓶色、字样、字色是否完整；二查瓶帽、防震圈是否完整，外表面有无裂纹、严重腐蚀、明显变形或其他严重的外部损伤缺陷；三查瓶阀有无泄漏。如果发现存在上述问题，务必要求气瓶供货方进行更换。

（3）气瓶须在规定的检验合格有效期内使用，如果到期一定要要求气瓶供货方再次检验或者更换，常见气瓶的检验周期如表 2-5 所示。

表 2-5　常见气瓶的检验周期

气瓶	气体	检验周期
钢瓶（无缝气瓶）（高压）	活性气体：氧气、二氧化碳、氢气	3 年
	惰性气体：氮气、氩气	5 年
	甲烷	3 年
	腐蚀性气体：二氧化硫、硫化氢、二氧化氮	2 年
钢瓶（焊接钢瓶）（低压）	一般性气体：无腐蚀性气体	3 年
	腐蚀性气体：氯气、液氨等	2 年
	溶解乙炔、丙烷	3 年
	液化石油气、液化天然气	3 年
铝瓶（铝合金无缝气瓶）	标准气	3 年
低温瓶（绝热焊接瓶）	液氧、液氮、液氩	3 年

（4）气瓶应存放在阴凉、干燥，远离热源、火源的地方，保持地面平整，不能和电线、电器接触，配置防倒链、防倒栅栏，链条应挂在瓶身距地面约 2/3 处，且每个气瓶都应有独立的防倾倒措施。可燃性气瓶应与氧气瓶分开存放（距离不少于 10 m）。

（5）涉及剧毒、易燃易爆气体的场所，配有通风设施和合适的监控报警装置等，张贴必要的安全警示标识。对于存有大量惰性气体或液氮、二氧化碳的较小密闭空间，需加装氧气含量报警表。使用易燃气体气瓶时，应靠外墙设置气体室，并不间断进行机械通风。房间的送、排风系统应采取防爆措施和采用防爆型通风设备，并设置相应的可燃气体探测器。

（6）独立的气体钢瓶室，应通风、不混放、有监控、管路有编号、去向明确，并有专人管理和记录。气体管路连接正确、有标识、管路材质选择合适，无破损或老化现象，定期进行气体泄漏检查；存在多条气体管路的房间须张贴详细的管路图。

（7）无大量气体钢瓶堆放现象，每间实验室内存放的氧气和可燃气体不宜超过一瓶，其他气瓶的存放，应控制在最小需求量；气体钢瓶不得放在走廊、大厅等公共场所。在气瓶移动时，不能带着减压阀移动钢瓶，不得在地上滚动钢瓶。

（8）在使用气瓶时应装减压器。可燃性气瓶（如氢气、乙炔）气门螺丝为反丝；不燃性或助燃性气瓶（如氮气、氧气）为正丝。各种减压器一般不可混用，氧气需要使用专用的减压阀（无油脂），否则可能发生爆炸。

(9) 使用前要注意气瓶及其连接处是否漏气，检验方法为：将检漏液涂在可能出现漏气的部位，如果出现气泡，并且气泡逐渐增大，则说明此处漏气（一般出现漏气的地方为管线和螺帽的接口处，以及螺帽与螺丝的接口处），如果发现气瓶泄漏，应将气瓶移到安全位置，并及时提醒相关人员通知供货商。

(10) 要严格按照高压气瓶的操作步骤（图 2-4）进行实验操作，不得随意调换操作次序。

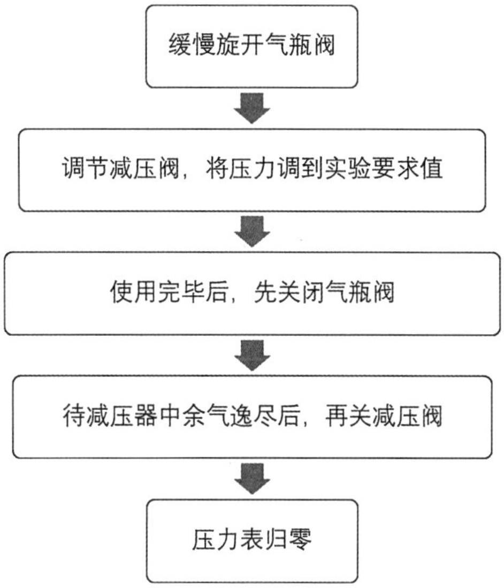

图 2-4　高压气瓶的操作步骤

注意：

① 当开启气瓶阀时，切不可站在减压器的前面（亦即压力表的前面）。

② 开阀门时，应循序渐进慢慢开启，防止加压过速产生静电、高温；关闭阀门时，能将气体截止流出就可以，适可而止，不要过度用力。绝对不能使用锤子、管钳等工具辅助操作。

(11) 不可将钢瓶内的气体全部用完，一定要保留 0.05 MPa 以上的残留压力（减压阀表压）。可燃性气体如乙炔应剩余 0.2～0.3 MPa（2～3 kg/cm^2 表压）；乙炔压力低于 0.5 MPa 时，就应更换，否则钢瓶中丙酮会沿管路流进火焰，致使火焰不稳，噪声加大，并造成乙炔管路污染堵塞；氢气应保留 2 MPa，以防重新充气时发生危险，不可用尽。

(12) 钢瓶用空时，应该关闭阀门，然后装好阀门防护帽、阀门出口防尘帽和其他随钢瓶装运的附件。钢瓶应做标记或加“空瓶”标签，然后将其放到空瓶贮存区，与满瓶分开，之后再退还给供应商或联系供气商重新充装气体。

（13）对于一些危险性较大的气体，除了上述需要注意的安全事项外，还需要特别注意的地方如表 2-6 所示。

表 2-6　危险气体使用时的特别注意事项

名称	特别注意事项
氢气	氢气密度小，易泄漏，扩散速度很快，易和其他气体混合。不得与氧气一起存放，最好单独放置。存放地点严禁烟火，有良好的通风设备
氧气	氧气是强烈的助燃气体，高温下，纯氧十分活泼。温度不变而压力增加时，氧气可以和油类发生急剧的化学反应，并引起发热自燃，进而产生强烈爆炸，所以氧气瓶一定要防止与油类接触，并绝对避免让其他可燃性气体混入氧气瓶。氧气瓶禁止放于阳光暴晒的地方
乙炔	乙炔气瓶要存放在通风良好的地方，使用时应装上回闪阻止器，使用压力一般不超过 1 kgf/cm^2（减压器旋开不超过一半），要注意防止气体回缩。如果发现乙炔气瓶有发热现象，说明乙炔已发生分解，应立即关闭气阀，并用水冷却瓶体，同时将气瓶移至远离人员的安全处加以妥善处理。发生乙炔燃烧时，绝对禁止用四氯化碳灭火
不活泼气体	用量大时，一定要注意通风，并设相应含氧量气体探测器，防止发生窒息性危险

（14）气瓶在使用与搬运时的注意事项如图 2-5 所示。

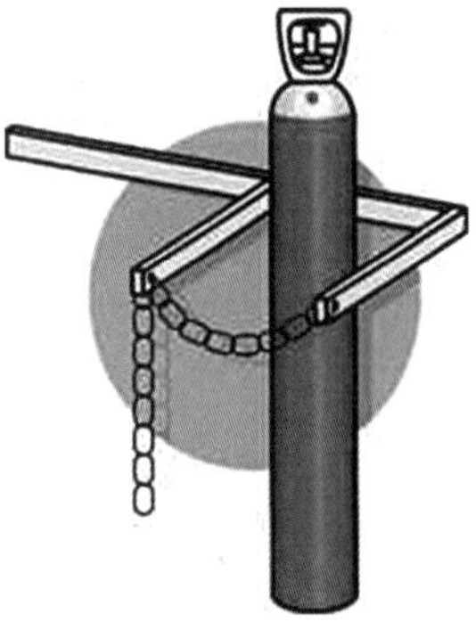

(a) 竖立固定

(b) 钢瓶车搬运

(c) 气路

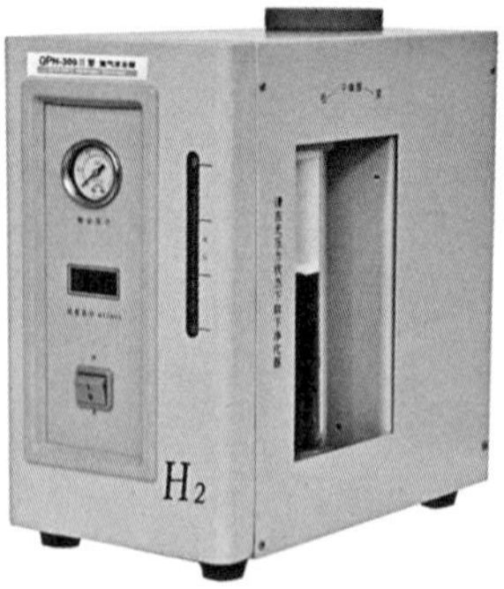

(d) 氢气发生器

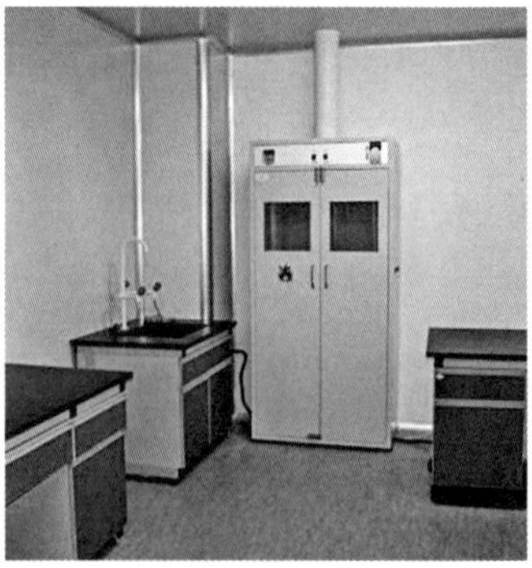

(e) 危险气体置于气瓶柜

图 2-5　气瓶使用注意事项示例

2.2.6　化学类实验室常见事故及其原因

依据《企业职工伤亡事故分类》(GB/T 6441—1986)中事故分类标准，在化学实验中产生的事故伤害，一般可分为伤亡事故、损失工作日、暂时性失能伤害、永久性部分失能伤害、永久性全失能伤害等五类。事故伤害的种类主要包括物体打击、机械伤害、触电、灼烫、火灾、火药爆炸、化学爆炸、物理性爆炸、中毒或窒息以及其他伤害。引起伤害的因素主要有：①人的不安全行为；②物的不安全状态；③环境影响；④管理不当等。综合考虑起因物、致害物、伤害方式，对化学实验室伤害事故的种类、引起的原因进行总结和分析，见表 2-7。

表 2-7　化学类实验室常见事故及其原因

<table>
<tr><th>事故类型</th><th colspan="2">原因</th><th>备注</th></tr>
<tr><td rowspan="10">燃烧</td><td>人为</td><td>不规范操作、疲劳、倦怠、轻视、疏忽、脱岗等</td><td>如反应过程(尤其在连续过夜时)无人监管，因加热油浴失控等</td></tr>
<tr><td rowspan="3">电气</td><td>电火花</td><td rowspan="3">电、热及电火花是激活化学物质易燃易爆性质的催化剂</td></tr>
<tr><td>超负荷</td></tr>
<tr><td>静电</td></tr>
<tr><td>水</td><td>化学物质遇水反应</td><td>碱金属及其氢化物与汞齐(剂)；
镁、锆、钛、铝、锌等金属粉末比表面积大，氧化膜不密；
烷基锂等金属有机物遇空气自燃，遇水放出易燃烷烃；
金属磷化物放出易燃有毒磷化氢；
碳化钙等金属碳化物放出易燃易爆炔烃类物质；
硼、硅烷类遇水放出易燃气体；
氧化钠等无机过氧化物接触少量水极易起火，遇大量水会爆炸</td></tr>
<tr><td rowspan="2">压缩气体</td><td>瓶阀门质量问题</td><td>—</td></tr>
<tr><td>接气管选用错误，漏气、静电</td><td>尼龙等材料与气体强烈摩擦可能产生静电火花</td></tr>
<tr><td>特殊易燃物</td><td>遇空气自燃</td><td>叔丁基锂、三异丙基铝等烷基金属有机化合物</td></tr>
<tr><td>化学作用</td><td>易燃物质强氧化</td><td>不能将氧化剂、有机物、腐蚀性酸等混放</td></tr>
</table>

（续表）

事故类型	原因		备注
化学爆炸	结构敏感性爆炸物	复分解爆炸物	三硝基苯（TNT）、三硝基苯酚（苦味酸）、三硝基苯酚胺（苦味酸胺）等硝基苯类
		单分解爆炸物（结构极不稳定）	过氧化物、过氧或高氧无机酸及其盐类、亚硝基类化合物、叠氮化物、多元氮杂环等
	可燃气体	达到爆炸极限遇点火源	氢气、一氧化碳、硫化氢、氨气、磷化氢、甲硅烷、乙硼烷
		低沸点有机物蒸汽达爆炸极限遇点火源	乙醚、石油醚、低沸点醇和醛
	可燃粉末	和空气混合与氧作用产生轰燃爆炸	煤粉、面粉、金属粉末、纤维粉末
物理爆炸	受压密闭容器	容器内物体因环境温度压力的变化瞬间引起自身形态和体积的极大变化	如用家用热水瓶装液氮，液氮快速气化爆炸；水蒸气爆炸：高温物体混入水，水急剧气化
		容器材料性能受外界环境影响而退化	锅炉结垢、腐蚀、磨损易爆炸
		容器内物品发生化学反应	—
中毒	人为环境	防护失当、误食、毒气泄漏、环境污染	二甲基汞穿过破损手套，接触皮肤使人中毒；误认作饮料；大面积氯气泄漏
触电	人为设施	未进行适当防护、电气线路问题、接地保护装置问题	—
窒息	人为	违规在实验室睡觉；对氩气、二氧化碳等非有毒气体掉以轻心	在空间狭小、通风不良区域，应加强对非有毒气体的关注，尤其是液氮、干冰
环境污染	实验废弃物违规排放或化学品泄漏		有机物、无机重金属盐溶液直接排放；有机物蒸气扩散；有毒气体泄漏
割伤	反应系统搭建时玻璃破裂		玻璃管、温度计穿过橡皮塞
烫伤	烧制、加工玻璃器皿；实验后处理过程中		特殊结构的玻璃器件加工；重结晶过程、（真空）精馏分离
灼伤	腐蚀性化学品		三氟乙酸残留物接触皮肤；浓硫酸等接触皮肤；氨水溅入眼睛
冻伤	低温物质使用；防护不当		液氮、液氦、液氨、干冰

2.2.7 危险化学品事故预防管理与措施

依据《中华人民共和国安全生产法》(2021 年修正)第三条规定,安全生产管理的基本方针是“安全第一、预防为主、综合治理”,规定了“安全第一”的优先原则。危化品事故预防管理是高校实验室安全管理的重要内容,必须依据《作业场所安全使用化学品公约》(1994 年)、《危险化学品安全管理条例》(2013 年)、《易制爆危险化学品治安管理办法》(2019 年),对危化品“采购、运输、储存、使用、废弃物处置”等全生命周期的各个环节进行管理,对危化品危险性(包括理化、健康、环境等方面)进行评估等。危化品预防管理一般包括以下几个方面。

(1) 建立健全危化品采购、储存管理制度。对于剧毒品、易制毒品、易制爆品等管制类危化品,高校应按照法律法规的规定和属地主管部门(主要是地方公安机关)的要求,首先是制定审批、采购、储存、使用制度,包括“按需购买、减少库存量”计划审批制度,剧毒品、易制毒品许可证申办制度,“统一采购、统一入库、统一供应”的采购、保管和发放制度,以及危化品备案制度等;其次是严格执行和落实制度,如严格审批危化品,加强采购的源头管理,准确掌握实验室采购、使用和存放危险化学品的详细信息等,避免“采购不统一,实验室自行采购”等现象,以及采购渠道不规范、超量采购和存放等问题。

(2) 强化实验室人员准入管理。增强全员(学生、管理人员、外访人员、各类聘用人员等)的危化品安全意识和处置能力,是确保高校化学实验室安全的根本之策。为此,高校应综合考虑实验室全员的复杂性、流动性等特点和岗位设置要求,做好全员的安全教育与培训,强化相关人员的准入管理,管理的内容有:①普及通用类安全知识。培训对象为新生和新进职工,培训的内容为危化品理化性质,危化品分类、储存、使用等原则,目的是提高他们的安全意识。②加强专业类安全教育。教育的内容为化学品安全技术说明书(MSDS)或者化学品安全标签。③开展突发事故应急演练。根据危化品事故应急预案,定期组织学生、危化品库管员、实验室人员和应急救援队伍,围绕救援器材装备、急救药品的使用,模拟突发事故发生后,开展相应的应急处置和人员疏散演练等。上述人员接受教育培训后须进行考核,考核通过的人员还应与实验室签订安全责任书、履行职责后才能进入实验室学习和工作。

(3) 严格落实危化品标准化操作规程。主要内容为:①严格核准与实验内容相关的危化品申领名称和数量,防止实验人员多次领用、超量领用、留以私用,在实验室埋下爆炸、火灾等安全隐患;②设置专门储存区域和配备专用储存设备,落实分区分类储存,有效防止危化品与普通试剂混放、理化性质不相容的危化品混存等安全隐患;③按

MSDS 说明书或者化学品安全标签、标准化实验操作规程等要求，有计划、有步骤、正确、规范使用危化品或设备设施，防止违规操作和无谓的频繁性操作；④按照《职业病防治法》《安全生产法》和《消防法》的“三同时”等相关要求，实验室安全管理人员需定期与不定期指导学生做好实验室日常运行管理及特殊状况的防控和应急管理；⑤在实验室设置有效的防护设施，落实个体防护用品的配置，实验室主任应指导相关人员正确使用防护设施和防护用品等。此外，高校、实验室应开展高危实验的风险评估，制定不同风险程度的防范措施和应急预案；⑥加强导师的责任心，强化其对学生的指导和监督。

2.2.8 危险化学品事故的应急措施

危险化学品事故，不仅会对师生人身安全造成威胁，还会影响高校正常教学秩序。有效的现场应急处理可以在关键时刻及时控制事故源，减少人员伤亡和财产损失。

（1）中毒窒息

将中毒者迅速移至空气流通处，解开其衣扣，使其呼吸畅通，实施心肺复苏，并请求现场其他群众帮忙拨打“120”。

（2）灼伤

被危险化学品灼伤后，应立即远离事故现场，并迅速脱去沾染化学品的衣物。用大量流动清水冲洗被灼伤部位 15 min 以上，注意不要沾染正常皮肤，冲洗后应及时就医。

（3）火灾

不同特性的危险化学品，应选用不同类型的灭火器，避免因灭火器选择不当，而造成更严重的事故。当火势较大不可控时，应立即拨打 119 寻求帮助。

（4）爆炸

危险化学品爆炸事故发生后，应尽快将伤员送医。并关闭气源阀门，切断现场电源，立即组织实验室人员撤离，同时拨打 119 寻求帮助。

（5）泄漏

发生危险化学品泄漏后，应根据现场情况，在确保自身安全的条件下，现场人员可采用堵漏、关闭阀门等控制措施。若泄漏物是气体或易挥发液体，需用湿布捂好口鼻，迅速组织泄漏污染区人员撤离至上风向处，并切断现场一切交通，同时如实报告上级领导，等待专业人士处理。

（6）被盗或丢失

若发现实验室内危险化学品被盗或丢失，应立即保护并封锁好现场，并向当地公安机关报告，同时应报告上级领导与设备管理处、保卫处和校医院，待公安机关工作人员到达现场后，应主动配合协助其调查。

一些特殊的危险化学品灼伤处理方法如表 2-8 所示。

表 2-8　特殊的危险化学品灼伤处理方法

氟化氢 HF	氟化氢腐蚀性极强，能腐烂指甲、骨头，滴在皮肤上，会形成难以治愈的烧伤。如果皮肤被灼伤，应立即脱去污染的衣着，用大量流动清水冲洗至少 15 min，再用 25%的硫酸镁溶液或 10%的葡萄糖酸钙溶液浸泡，尽快就医
硫酸 H_2SO_4	大量硫酸与皮肤接触需要先用干布吸去，不能用力按、擦，否则会擦掉皮肤；少量硫酸接触无需用干布，用大量冷水冲洗，再用 3%～5%碳酸氢钠溶液冲洗，最后用 0.01%的苏打水(或稀氨水)浸泡，尽快就医
溴 Br	被溴灼伤是很危险的，所以凡用溴时都必须预先配制好适量的 20%亚硫酸钠溶液备用，一旦有溴沾到皮肤上，立即用亚硫酸钠溶液冲洗，再用大量水冲洗干净，包上消毒纱布后立即就医。如眼睛受到溴蒸气刺激，暂时不能睁开时，可对着盛有氯仿或酒精的瓶内注视片刻
苯酚 C_6H_6O	先用大量水冲洗，再用 4 体积 10%的酒精与 1 体积三氯化铁的混合液冲洗
磷 P	用 1%硝酸银溶液，5%硫酸银溶液或高锰酸钾溶液洗涤伤处，然后进行包扎，切勿用水冲洗
沥青、煤焦油等有机物	用浸透二甲苯的棉花擦洗，再用羊脂涂敷

本章习题

1. 连接盛放乙炔气体钢瓶的供气管路不得使用(　　)管材，以免发生反应，引起爆炸或泄漏?

A. 铁　　B. 聚乙烯　　C. 橡胶　　D. 铜

2. 使用窒息性气体的化学实验室，为实时检测实验空间的氧气浓度，确保实验人员安全，有条件的都要安装(　　)，一般情况下为它设定的报警下限点为(　　)。

A. 空气浓度报警器；21%　　B. 氮浓度报警器；78%

C. 氧浓度报警器；19.5%　　D. 氮浓度报警器；21%

3. 有的气体，水溶性较大，具有刺激性气味，人体吸入过多会造成伤害，以下哪项不属于这类?(　　)

A. 铬酸　　B. 氯　　C. 氨　　D. 氯化钠

4. 水是人类赖以生存的基础，一般情况下，下列哪项不是水污染物?(　　)

A. 汞、铅、镉　　B. 砷　　C. 氧化氢　　D. 氯仿、多氯联苯

5. 固体试剂取用时需要用洁净的小勺，取用强碱性试剂后的小勺应立即(　　)。

A. 用手纸擦净　　B. 放在试剂瓶内，随时待用

C. 随意放置　　D. 洗净，以免腐蚀

6. 化学实验室废液回收时，应注意什么？(　　)

A. 按容器容积的70%～80%盛装

B. 回收容器应带有防漏托盘和带盖漏斗

C. 混合前，须做废液相容性实验

D. 以上所有

7. 常压下，对于以液相反应为主的有机合成反应，一般在进行合成路线的筛选时，常采用(　　)装置，它具有所用原料少，所产生的废料也少，成本低，相应的危险性也低的特点。

A. 大量反应　　B. 同等反应　　C. 少量反应　　D. 微量反应

8. 把玻璃管插入橡皮塞或软木塞时，常常会折断而使人受伤。下列选项中(　　)操作方法不正确。

A. 在玻璃管上沾些水或涂上甘油等，再边旋转边慢慢地把玻璃管插入塞子中。

B. 橡皮塞上的孔比管径略小时，可用圆锉把孔锉一下，适当扩大孔径。

C. 无需润滑，与双手距离无关，只要力气大即可。

D. 一手拿着塞子，一手拿着玻璃管，边旋转边慢慢把玻璃管插入塞子中。

9. 如果反应系统中只有液体，在反应过程中也不会有固体物质产生，则可使用(　　)替换具备液封的机械搅拌装置，可以免除机械搅拌时液封装置所产生的麻烦。

A. 机械搅拌装置　　B. 人力搅拌装置

C. 电磁搅拌装置　　D. 木质搅拌装置

10. 通风橱(　　)既保持了抽风能力，又起到较好的保护作用。

A. 较高的开启度　　B. 较大的开启度

C. 较小的开启度　　D. 关闭

第 3 章

生物安全

3.1 实验室生物安全基础知识

3.1.1 基本概念

(1) 生物因子(biological agent):一切微生物和生物活性物质。

(2) 微生物(microbe, microorganism):活的生物因子,包括能够复制或传递基因物质的细菌或非细菌的微小生物实体,其中包括致病和非致病的微生物。主要包括细菌(螺旋体、立克次体、衣原体)、真菌、病毒和某些寄生虫。

(3) 病原体(pathogen):可使人、动物或植物致病的生物因子。包括能够引发人和动物、植物传染病的生物因子,主要指致病微生物,按危害程度分为一至四类。

(4) 生物安全(bio-safety):为了避免各种有害生物因子造成的实验室生物危害而采取的防护措施(硬件)和管理措施(软件)。国家标准《实验室 生物安全通用要求》对生物安全的定义是避免危险生物因子造成实验室人员暴露、向实验室外扩散并导致危害的综合措施。

(5) 实验室生物安全(Laboratory Biosafety, LBS):在从事病原微生物实验活动的实验室中避免病原微生物对工作人员和相关人员造成危害。

(6) 危险废弃物(hazardous waste):有潜在生物危险、可燃、易燃、腐蚀、有毒、放射和起破坏作用的对人、环境有害的一切废弃物。

(7) 一级屏障:操作者与被操作对象之间的隔离,也称一级隔离。

(8) 气溶胶(aerosol):悬浮于气体介质中的粒径一般为 0.001～100 μm 的固态或液态微小粒子形成的相对稳定的分散体系。

(9) 气锁(air lock):具备机械送排风系统、整体消毒灭菌条件、化学喷淋(适用时)和压力可监控的气密室,其门具有互锁功能,不能同时处于开启状态。

(10) 实验室防护区:实验室的物理分区,该区域内生物风险相对较大,需对实验室的平面设计、围护结构的密闭性、气流,以及人员进入、个体防护等进行控制的区域。

(11) 风险评估：评估风险大小以及确定是否可接受的全过程。

(12) 定向气流：特指从污染概率小区域流向污染概率大区域的受控制的气流。

3.1.2 主要设备与仪器

生物安全主要设备与仪器包括：生物安全柜、超净工作台、灭菌器、移液器、离心机罩帽、负压隔离器等。

3.1.2.1 生物安全柜

生物安全柜(Biological Safety Cabinet，BSC)是操作有感染性的材料时，用来保护操作者本人、实验室环境及实验材料，使其避免暴露于操作过程中产生的感染性气溶胶和溅出物中而设计的负压过滤排气柜。

(1) 生物安全柜操作流程

① 开启生物安全柜外排风机电源开关。

② 缓慢打开操作窗口，窗口开启距离小于 200 mm 或设定值，一般生物安全柜有窗口极限报警。

③ 操作完毕后注意对生物安全柜进行消毒清洗。

(2) 生物安全柜操作注意事项

① 双臂垂直缓慢进入前面的开口，在生物安全柜中等待大约 1 min，待安全柜调整完毕后才可对物品进行处理。

② 所有操作应在离前窗 10 cm 以外的工作区进行。

③ 废弃物应丢弃在生物安全柜内的处理容器中，避免胳膊在前开口处快速移动和频繁进出。

④ 尽量避免污染的物品进入洁净区。

⑤ 在生物安全柜内进行操作时，不得进行文字工作。

⑥ 应尽量减少操作者身后的人员活动。

⑦ 房间中有人时必须关闭紫外灯，以保护眼睛和皮肤，避免因不慎暴露而造成伤害。应每周清洁紫外灯，除去可能影响杀菌效果的灰尘和污垢。

(3) 生物安全柜使用时个体防护要求

① 使用生物安全柜时必须穿个人防护服，戴手套(手套应套在隔离衣的外面)。

② 建议戴口罩和帽子，根据需要戴防护眼罩或者面罩。

③ 工作之前，操作者应调节凳子高度确保自己的脸在开口之上。

3.1.2.2 超净工作台

超净工作台是为保护试验样品而设计，通过吹过工作区域的层流空气防止试验样品受粉尘或细菌的污染。注意，因其气体是正压直接排放，所以超净工作台中不能操作感染性材料。一旦感染性样品放置于工作区域，层流空气会把带有微生物介质的空气吹向前台正在操作的工作人员而产生危险。生物安全柜与超净工作台的区别见表3-1。

表3-1　生物安全柜与超净工作台的区别

名称	结构	气体压力	气体排放	保护对象
生物安全柜	复杂	负压	净化后排放	操作者、样品环境
超净工作台	简单	正压	直接排放	样品

3.1.2.3　灭菌器

灭菌器泛指能达到灭菌要求的一切设备，即能在一定时间内杀灭一切活的微生物（包括细菌芽胞）的设备。包括以下三类：

① 高压蒸汽灭菌器（最常用）；

② 干热灭菌器；

③ 环氧乙烷灭菌器和过氧化氢等离子体灭菌器。

3.1.2.4　个体防护装备

个体防护装备通常包括：①眼镜（安全镜、护目镜）；②口罩、面罩、防毒面具；③帽子；④防护衣（实验服、隔离衣、连体衣、围裙）；⑤正压服；⑥手套鞋套；⑦听力保护器；⑧紧急冲洗装置等。常见个人防护用品见表3-2。

3.1.3　常见生物安全风险

（1）病原性危害。包括科研实验所使用各种病原微生物；生物标本（血液、尿液、粪便、鼻咽拭子等）、检验用品（采血管、培养基、组织玻片等）；不合格的实验动物携带人兽共患病病原；基因工程实验引起的潜在危险；肿瘤病毒等引起的潜在致病致癌性。

容易造成病原性危害的情况包括：在不符合要求级别的实验室或设施中开展病原微生物实验；设备设施使用、维护不规范；通风设备设施不完善；实验过程个人安全防护出现漏洞致生物细菌、毒素扩散传播等。

（2）动物性危害。发生动物性危害的场景通常包括：实验动物引种、繁育、运输等环节；与携带人兽共患病病原微生物的野生动物、实验用动物接触；实验人员在实验过程中被实验动物咬伤、抓伤，或对其皮毛过敏；以及感染性动物实验全过程（动物饲喂和动物解剖等）。

表 3-2　常见个人防护用品表

装备名称	可避免的危害	安全特性	图示
实验服、隔离服、连体衣、塑料围裙	污染衣服	罩在日常衣服外，防水	
安全鞋袜	碰撞、喷溅	密封性好	
护目镜、安全眼镜	碰撞、喷溅	防碰撞镜片，侧面有护罩	
面罩	碰撞、喷溅	罩住整个面部，发生意外易于摘下	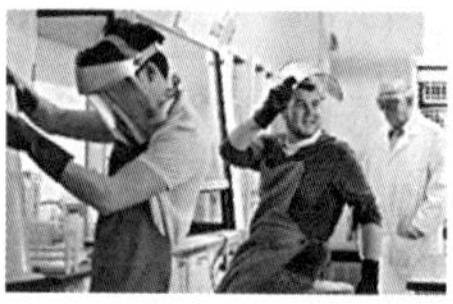
防毒面具	吸入气溶胶	具有空气净化功能	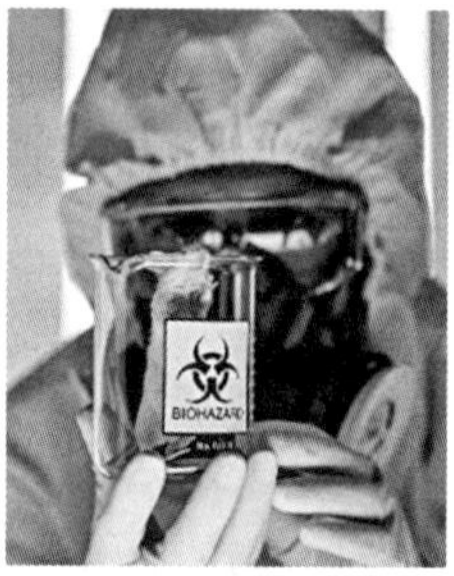
手套	直接接触病原微生物	防止手部污染	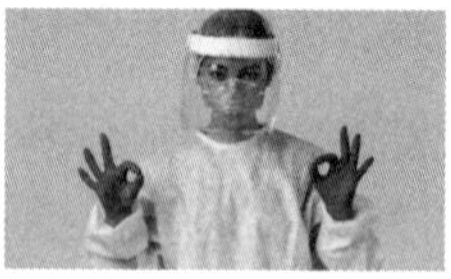

(3) 生物、医疗废弃物危害。生物、医疗废弃物包括实验废弃物(感染性废弃物、损伤性废弃物)、实验动物尸体、动物粪便、放射性物品。

(4) 生物工程危害。伦理问题(应通过伦理审查委员会评估)；基因污染问题(基因修饰动物外源基因向野生群转移)；环境安全问题；对人类健康的潜在危害。

(5) 人类遗传资源和生物资源安全风险。

3.1.4　生物实验室安全要求

安全的生物实验室，必须满足以下要求。

（1）生物实验室内的各类人员始终处在被保护之中，不会受到可预知的危险的伤害。

（2）生物实验室内的各种生物和室内设备等均处于良好的安全状态。

（3）生物实验室外的人员和生态环境不因生物实验室的存在而受到超标的侵害和污染。

常见生物实验室安全要求标识示例见图 3-1。

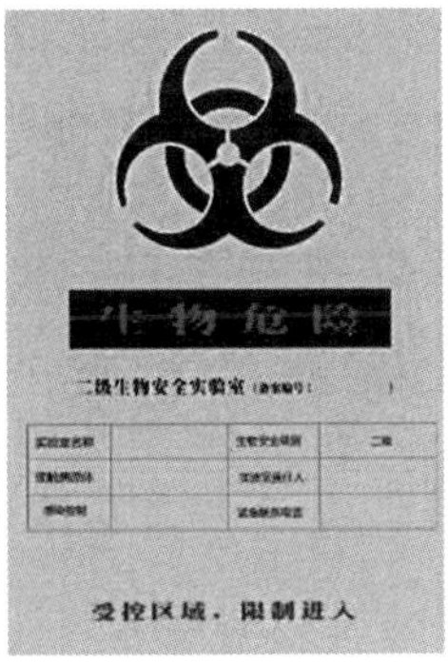

（a）生物安全实验室标志

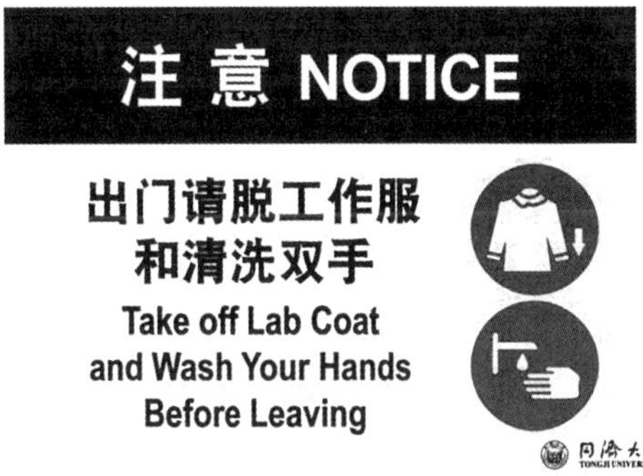

（b）脱衣、洗手防感染

图 3-1　生物实验室安全要求标识示例

3.2　微生物实验室生物安全

在实验室开展高致病性病原微生物的研究，有可能发生职业暴露而导致实验室感染。1886 年科霍第一次报告了一例霍乱病的实验室感染事件，受害者是德国柏林的一名学生，他在处理霍乱弧菌培养物时遭到感染，并得了霍乱病。最早的有关实验室感染的统计报告见于 1951 年美国医学杂志上，该统计报告列出了美国实验室感染的 1 342 个病例，感染涉及 69 种不同的微生物。值得注意的是，其中 1 275 例是在 1930 年以前发生的，那时很多人不注意生物安全的问题。

3.2.1　病原微生物

为加强实验室生物安全管理，根据病原微生物的传染性、感染后对个体或者群体的危害程度，国家将病原微生物进行分类，病原微生物的危害等级划分与标准见表 3-3。

表 3-3　病原微生物的危害等级划分与标准

《病原微生物实验室生物安全管理条例》		《实验室 生物安全通用要求》(GB 19489-2008)	
类别	主要内容	类别	主要内容
四类	在通常情况下不会引起人类或者动物疾病的微生物。如：小鼠白血病病毒	一级	在通常情况下不会引起人类或者动物疾病的微生物
三类	能够引起人类或者动物疾病，但一般情况下对人、动物或者环境不构成严重危害，传播风险有限，实验室感染后很少引起严重疾病，并且具备有效治疗和预防措施的微生物。如：肠道病毒、疱疹病毒、流感病毒、沙眼衣原体、葡萄球菌、伤寒沙门菌等	二级	能够引起人类或者动物疾病，但一般情况下对人、动物或者环境不构成严重危害，传播风险有限，在实验室感染后很少引起严重疾病，并且具备有效治疗和预防措施的微生物
二类	能够引起人类或者动物严重疾病，比较容易直接或者间接在人与人、动物与人、动物与动物间传播的微生物。如：狂犬病毒、炭疽杆菌、鼠疫杆菌、脊髓灰质炎病毒等	三级	能够引起人类或者动物的严重疾病，比较容易直接或者间接在人与人、动物与人、动物与动物间传播的微生物
一类	能够引起人类或者动物非常严重疾病的微生物，以及我国尚未发现或者已经宣布消灭的微生物。如：天花病毒、新疆出血热病毒、埃博拉病毒等病原体	四级	能够引起人类或者动物的非常严重疾病的微生物，以及我国尚未发现或者已经宣布消灭的微生物

3.2.2　生物安全实验室分类

生物安全实验室(Bio-safety Laboratory)是指通过防护屏障和管理措施，达到生物安全要求的病原微生物实验室。

国家根据实验室所需面对病原微生物的危害程度和所需采取的保护措施，依照中华人民共和国国家卫生健康委员会发布的《人间传染的病原微生物目录》(2023 版)[28]，将实验室分为一级(P1)、二级(P2)、三级(P3)、四级(P4)(P 是指 protection，防卫和防护)，分别对应于上述的病原微生物分类的第四类、第三类、第二类和第一类。其中，一级、二级实验室为基础实验室，不得从事高致病性病原微生物实验活动；三级、四级为高等级生物安全实验室，在从事高致病性病原微生物实验活动前必须通过国家认可并应获得相应级别的生物安全实验室证书，并严格按照国家法规制定符合三级、四级生物实验室要求的专门管理办法。P1—P3 实验室示意图见图 3-2；P1—P4 实验室安全等级划分及其可承担的工作范围见图 3-3。

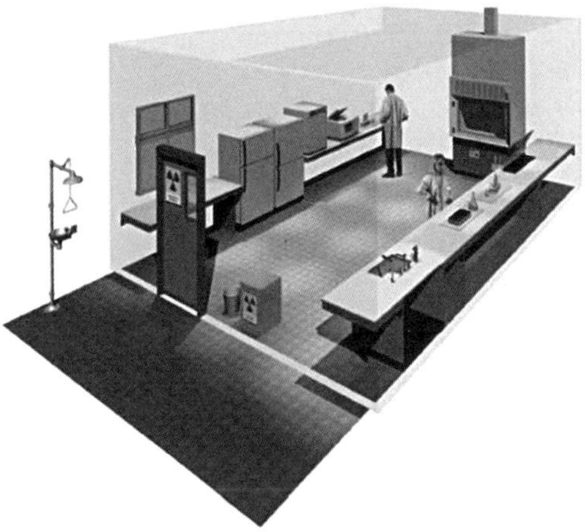

(a) P1 实验室示意图

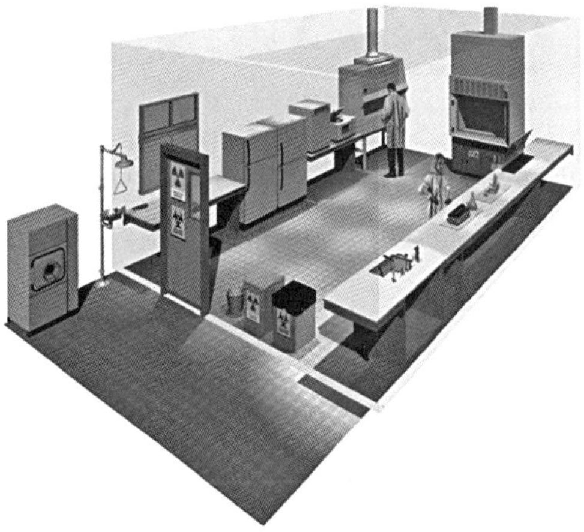

(b) P2 实验室示意图

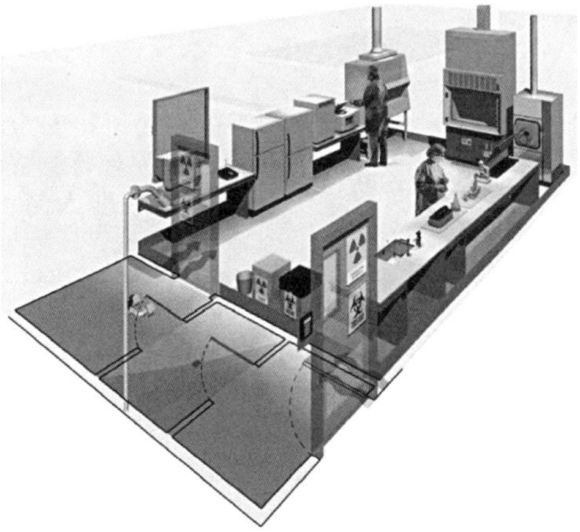

(c) P3 实验室示意图

图 3-2　P1—P3 实验室示意图

同时，按照国际规则，按照所需研究对象的危险程度和需采取的防护措施，生物安全防护水平(Biosafety Level)也被分为四个等级，Ⅰ～Ⅳ级防护水平依次升高，等级越高，防护级别越强，则可以研究具有更大传染性和危害性的病原。实验室的相应生物安全防护水平详见表 3-4。我国高校现存的生物实验室大多为 BSL-1、BSL-2 实验室。

生物安全的国际符号	描述	安全等级P1	安全等级P2	安全等级P3	安全等级P4
	普通无害细菌、微生物、病毒	●	●	●	●
	一般性可致病细菌、微生物、病毒		●	●	●
	烈性/致命细菌、微生物、病毒，可治愈			●	●
	烈性/致命细菌、微生物、病毒，不可治愈				●

P1-P4实验室可以承担的工作也根据安全等级进行划分
其严格等级从低到高

图 3-3　生物实验室安全等级划分及其可承担的工作范围

表 3-4　生物试验室分级与标准

危害等级	生物安全防护水平	实验室类型	实验室操作	安全设备
Ⅰ级	BSL-1（基础实验室）	基础的教学、研究	GMT（微生物学操作技术）	不需要;开放实验台
Ⅱ级	BSL-2（基础实验室）	初级卫生服务;诊断、研究	GMT 加防护服、生物危害标志	开放实验台,此外需要BSC用于防护可能生成的气溶胶
Ⅲ级	BSL-3（屏障实验室）	特殊的诊断、研究	在二级生物安全防护水平上增加特殊防护服、准入制度、定向气流	BSC 和/或其他所有实验室工作所需要的基本设备
Ⅳ级	BSL-4（高度屏障实验室）	危险生物因子研究	在三级生物安全防护水平上增加气锁入口、出口淋浴、污染物品的特殊处理	Ⅲ级 BSC 或Ⅱ级 BSC 加正压服、双开门高压灭菌器(穿过墙体)、经过滤的空气

3.2.3　微生物危害评估

3.2.3.1　微生物危害评估内容

当实验室活动涉及传染或潜在传染性生物因子时,应进行危害程度评估,并且评估应由有经验的专业人员进行。微生物危害评估包括下列内容。

(1) 生物因子的种类：包括已知的、未知的、基因修饰的或未知传染性的生物材料。

(2) 来源和宿主：初次出现的地理位置(国内或国外)、宿主起源性质(潜在动物源性,伴随疾病爆发)。

(3) 传染性和感染潜在后果。

(4) 致病性和感染剂量。

(5) 自然传播途径：遗传、空气、食入等；空气传播(气溶性越强，风险越大)。

(6) 在环境中的稳定性：气溶传染性、化学脱水性和阳光/UV。

(7) 病原微生物浓度：单位体积内微生物的数量、含有微生物的环境(固体组织、黏度等)和操作(媒介扩增、超声或离心)。

(8) 动物研究和实验室感染或临床报告得到的实验数据：记载在动物或临床试验中的致病性、传染性和传染途径等。

(9) 是否可以有效预防和治疗。

3.2.3.2 微生物实验室风险评估核心

微生物实验室风险评估核心内容包括下列4项。

(1) 风险鉴定和识别。

(2) 制定降低风险的方案。

(3) 残余风险鉴定。

(4) 执行和再评估。

3.2.3.3 生物实验室风险评估的意义

生物实验室风险评估的意义包括下列6项。

(1) 确定生物安全防护水平(实验室)。

(2) 确定保存、运输、灭活、销毁的条件。

(3) 确定潜在危害分析与意外事故处理程序。

(4) 保障个人防护措施。

(5) 制定微生物操作程序。

(6) 确定健康保障与监督程序。

3.2.4 微生物实验室常见安全事故及处理

1. 微生物实验室常见安全事故类型及应对措施

(1) 手套损坏、污染。①立即用消毒剂喷洒手套；②脱下损坏的手套，放入实验指定垃圾袋内(待统一灭菌)；③更换新手套继续后续实验操作(注意：在操作高致病性病原微生物时须佩戴双层手套)。

(2) 衣物污染。①尽快脱掉最外层防护服，注意防止感染性物质进一步扩散；②将已污染的防护服放入指定垃圾袋内，待高压灭菌；③脱掉手套，到污染区出口洗手;④更换防护服和手套;⑤必要时对发生污染及脱防护服的地方进行相应消毒处理。

(3)误食潜在性感染物质。应立即脱掉防护服并进行医学记录,报告食入材料的特性和暴露细节,保留完整的医疗记录。

(4)感染性物质溅洒污染皮肤及黏膜。若感染性液体(血液、尿液标本、培养物等)外溢到皮肤:①应立即停止工作,脱掉手套;②用75%的酒精进行皮肤消毒;③用大量水冲洗皮肤。若感染性液体溅入眼睛:①应立即停止工作,脱掉手套;②迅速到缓冲区使用洗眼器冲洗眼睛;③使用生理盐水冲洗眼睛(注意动作轻柔,勿损伤眼睛)。上述情况均需要做适当预防治疗和医学观察,并报告实验室安全员进行事故记录。

(5)刺伤、切割伤或擦伤。①立即停止实验,脱掉手套;②使用清水或肥皂水清洗受伤部位;③轻轻挤压伤口旁端,尽量挤出伤口处血液,并冲洗伤口,取出急救箱,使用0.5%碘伏或者75%酒精擦洗伤口,并做适当包扎;④必要时及时就医,告知医生受伤原因及可能被微生物污染,必要时进行医学处理;⑤必要时向实验安全员报告并进行事故记录,记录受伤原因及相关微生物,并保留完整医疗记录。

(6)潜在危害性气溶胶释放(在正常运转的生物安全柜内除外)。①所有人员必须撤离相关区域,并报告实验员;②贴上标识以示禁止入内;③在1小时内任何人不得进入事发实验室,以便气溶胶排出和重粒子沉降,若无中央通风系统则应再推迟进入时间(如24小时后);④清除污染时须穿戴适当的防护装备,在专业人员指导下方可进行,如需甲醛蒸汽熏蒸,操作时注意防护;⑤应对暴露人员进行医学观察,必要时请及时就医。

病原微生物如真菌、细菌、病毒等,可经呼吸道、口、创伤、皮下或黏膜等途径使人感染,产生这些气溶胶的实验操作主要有接种、吸液、注射、离心、解剖等,详见表3-5。

表3-5 易产生病原微生物气溶胶的实验操作

实验内容	操作途径
接种	微生物接种与划线培养;燃烧带菌接种环
吸液	吸管吹打微生物悬液;吸管中微生物悬液溅落在固体表面
注射	排除注射器中的空气;从塞子中拔出针头;给动物接种;将针头从注射器上取下导致液体喷出
离心	无盖离心管高速离心;离心管破裂
解剖	皮毛没有消毒或消毒不彻底;手术切割、锯等操作;血液喷发
其他	使用搅拌机、混匀器、超声波仪;灌注和倒入液体;打开培养容器时感染性材料溢出

(7) 生物安全柜内少量溢出处理。①处理溢洒物时不得将头伸入安全柜内,也不得将脸直接面对前操作口,而应处于前视面板的后方;②选择消毒剂时须考虑消毒剂对生物安全柜的腐蚀性(使用含氯制剂后需再用清水擦拭);③如果溢洒的量不足1 mL,可直接用消毒剂浸湿的纸巾(或其他材料)擦拭;④如果溢洒物流入生物安全柜内部,则视具体情况,如需要可对生物安全柜进行熏蒸。

(8) 生物安全柜内大量溢出处理。①使生物安全柜保持开启状态;②在溢洒物上覆盖浸有消毒剂的吸收材料,确保作用一定时间以发挥消毒作用(必要时,用消毒剂浸泡工作台面以及排水沟和接液槽);③消毒后脱下手套,如果防护服已被污染,需在脱掉污染的防护服后洗手;④穿好新的防护装备,如手套、防护服、护目镜等;⑤小心将吸收了溢洒物的吸收材料和溢洒物收集到专用的收集袋或容器中,并反复用新的吸收材料将剩余物质吸净;⑥用镊子或钳子处理破碎的玻璃和其他锐器;⑦用消毒剂擦拭或喷洒安全柜内壁、工作台面以及前视窗的内侧,作用一定时间后,用洁净水擦去消毒剂;⑧必要时,使用甲醛熏蒸。

(9) 感染性物质溢出在台面、地面和其他表面。大量液体形成不规则水渍、部分飞溅和小部分形成空气播散的气溶胶颗粒的处理方式参考上述生物安全柜内溢出处理。

(10) 容器破碎。如果正在运行的非封闭离心桶的离心机内盛有潜在感染性物质的离心管发生破裂,应关闭机器电源,停止后密闭离心桶约30 min,待气溶胶沉降后开盖。

① 若离心机停止时发现离心管破碎,应立即盖上离心机,密闭30 min,随后操作都须戴结实手套。

② 玻璃碎片用镊子等工具清除,所有破碎的离心管、玻璃碎片、离心桶、十字轴和转子都应使用无腐蚀性、已知对相关微生物具有杀灭活性的消毒剂消毒30 min。

③ 未破损的带盖离心管应放在另一装有消毒剂的容器内,然后回收。离心机内腔应用适当浓度的同种消毒剂反复擦拭,然后用水冲洗并干燥。

2. 溢出处理工具

实验室常用溢出处理工具包括以下8种。

(1) 对感染性物质有效的消毒液,需要按使用要求定期配制(次氯酸钠溶液的使用浓度为0.5%~1%)。

(2) 消毒液盛放容器。

(3) 镊子或钳子,耐高压的扫帚和簸箕,或其他处理锐器的机械装置。

(4) 足量的纸巾或其他适宜的吸附材料。

(5) 用于盛放感染性溢出物以及清理物品的生物危害袋。

(6) 橡胶手套。

(7) 面部防护装备,如面罩、护目镜、一次性口罩等。

(8) 溢洒处理警示标识,如"禁止进入""生物危险"等。

3. 撤离事故区域

撤离事故区域相关处理办法如下所示:

(1) 发生生物危险物质溢洒时,立即通知房间内的无关人员迅速离开,在撤离房间的过程中注意防护气溶胶。

(2) 关门并张贴"禁止进入""溢洒处理"的警告标识,至少 30 min 后方可进入。

(3) 撤离人员脱去个体防护装备,用适当的消毒剂和水清洗暴露皮肤。

(4) 立即通知实验室安全员。

4. 人员急救

人员急救常用相关处理办法如下所示:

(1) 如操作人员接触到泄漏的感染性物质,应采用急救措施。

(2) 脱掉污染的衣服和鞋。

(3) 立即用流动的水冲洗接触部位皮肤。

(4) 用对人体无害的消毒剂消毒接触部位。

(5) 给卫生急救部门打电话,并告知卫生救护人员有关泄漏物质的情况,以便他们有意识地保护自身。

(6) 将沾染感染性物质的人员转移至安全区域隔离(注意:接触感染性物质的人员可能成为污染源)。

3.2.5 典型案例

案例 1

2019 年布鲁氏菌病感染事件

2019 年 7 月 24 日至 8 月 20 日,中牧兰州生物药厂在兽用布鲁氏菌疫苗生产过程中使用过期消毒剂,致使生产发酵罐废气排放灭菌不彻底,携带含菌发酵液的废气形成含菌气溶胶。而生产时段该区域主风向为东南风,中国农业科学院兰州兽医研究所处在中牧兰州生物药厂的下风向,导致人体吸入或黏膜接触菌气溶胶产生抗体阳性,造成兰州兽医研究所发生布鲁氏菌抗体阳性事件。

2019 年 11 月 28—29 日,兰州兽研究所口蹄疫防控技术团队先后报告有 4 名学生布鲁氏菌病血清学阳性。接到报告后，兰州兽医研究所立即派人陪同学生前往医院诊治，同时成立调查小组，关闭相关实验室并开展调查。

截至 2020 年 11 月 30 日，当地累计检测 79 357 人次，重复检测 10 786 人次，实际检测 68 571 人，经省疾控中心复核确认，抗体阳性人员 10 528 人。

3.3 实验动物生物安全

3.3.1 基本概念

1. 动物实验

动物实验是指以实验动物为对象和材料，在设计好的符合相应条件要求的环境下进行实验或者检测，观察、记录动物的反应情况和结果的过程。

我国实验动物以及实验设施规模和质量不断扩大，实验环境不断提升，实验动物进出口越来越频繁，新品系不断引进，使得我国实验动物资源日趋丰富。

2. 实验动物

实验动物是指经人工饲养、繁育，对其携带的微生物和寄生虫实行控制，遗传背景明确或者来源清楚，用于科学研究、医药、教学、生产和检测鉴定以及其他科学实验的动物。实验用动物包括实验动物、野生动物和经济动物，如大鼠、小鼠、裸鼠、豚鼠、家兔、比格犬、恒河猴、小型猪以及沙鼠等。实验动物在生产、使用过程中，存在感染、繁殖病原体的可能，同时也存在向环境扩散病原微生物的危险，对人和环境都有可能造成生物安全危害。

根据实验动物微生物控制标准与《中华人民共和国实验动物管理条例》，可将实验动物分为四级：一级为普通级（Conventional，CV）；二级为清洁级（Clean Conventional，CL）；三级为无特定病原体级（Specific Pathogen-Free，SPF）；四级为无菌级（Germ-Free，GF），包括悉生动物（Gnotobiotic，GN）。目前比格犬、恒河猴、小型猪等大动物多为普通级；大、小鼠均为清洁级以上；豚鼠、家兔等有普通级、清洁级和无特定病原体级，无特定病原体级以上动物种群来源于剖腹产动物，微生物、寄生虫按国标严格控制。

3. 实验动物设施

实验动物设施分为三级：一是普通环境（洁净度 8 级、10 万级）；二为屏障环境（洁净度 7 级、万级）；三为隔离环境（洁净度 5 级、百级）。

4. 动物生物实验室

动物生物安全实验室和生物安全实验室一样，主要根据所研究病原微生物的危害评估结果和危害程度分类将动物生物安全实验室划分为四级：动物生物安全实验室一级（ABSL－1）；动物生物安全实验室二级（ABSL－2）；动物生物安全实验室三级（ABSL-3）；动物生物安全实验室四级（ABSL-4）。其中涉及传染性、中毒性、放射性、致癌性、致突致畸及致死性等的实验应在有特殊要求的生物安全实验室（负压）中进行，根据生物安全防护要求进行操作，按照有关规定执行。

3.3.2 实验动物使用的生物安全

1. 动物及饲养要求

（1）引进动物进行实验必须具备实验动物质量合格证，并将实验动物隔离检疫一周，确认无异常后方可进行实验。

（2）坚持卫生消毒制度：定期对动物房舍和饲养用具进行消毒（消毒方法：多种消毒剂交替使用）。

（3）饲养管理人员要定期做健康检查。

2. 实验操作要求

（1）动物实验人员在实验操作过程中应做好防护，穿戴好工作衣、帽、口罩、手套。

（2）严格按标准操作规程进行实验。

（3）不同品种、不同等级和互有干扰的动物，不得在同一实验间饲养；同一来源，相同品种、品系而用于不同实验目的动物也不得在同一实验间饲养。

（4）不得将普通级动物带进屏障环境中进行实验，如将实验动物带离屏障环境进行实验，不得再带回屏障环境中饲养、实验。

3. 实验动物误伤的处理

（1）实验动物咬伤的救治需在伤口上方扎止血带，然后用消毒液冲洗伤口。

（2）如被实验犬咬伤，首先要把脏血挤出，否则容易引起感染。

（3）若伤口比较大或自己不好处理，应以最快的速度去医院处理。同时24小时内到防疫站注射相关疫苗。

4. 标本处理

动物血液以及组织标本应立即按实验要求进行分离、冻存或固定处理，分类存放。

3.3.3 实验动物使用的废弃物收集

（1）将实验动物使用废弃物分别置于动物废弃物专用包装袋或者容器内。

(2) 感染性废弃物、病理性废弃物、损伤性废弃物、药物性废弃物及化学性废弃物不能混合收集。

(3) 盛装实验动物使用废弃物的每个包装袋、容器外表面应当有警示标识，注明“单位、日期、类别”等。

(4) 废弃物经包装、密封后存放于暂时贮存设施，不得露天存放；暂时贮存的时间不得超过2天，由爱国卫生运动委员会或防疫部门统一运输、处理。

(5) 对实验动物废弃物暂时贮存设施、设备的要求如下：

① 远离人员活动区和生活垃圾存放场所，方便实验动物废弃物运送人员及运送工具、车辆出入。

② 有严密的封闭措施，设专(兼)职人员管理，防止非工作人员接触动物废弃物。

③ 有防渗漏、防雨水冲刷、防阳光直射、防蚊蝇、防蟑螂、防盗以及预防儿童接触等安全措施。

④ 易于清洁和消毒。

⑤ 如需暂时贮存病理性废弃物，则应当具备低温贮存或者防腐条件。

⑥ 设有明显的动物废弃物警示和“禁止吸烟、饮食”标识。

⑦ 病原体感染性动物实验的废弃物，需经过高压或消毒液初步处理后再分装收集，然后统一由爱国卫生运动委员会或防疫部门运输后进一步处理。

3.3.4 动物实验注意事项

应在实验前认真阅读实验室操作指南和安全操作程序。

实验前应穿戴好必要的防护器具，如手套、口罩、工作服，必要时穿上胶靴、戴上护目镜。

实验过程中应严格按照实验技术规范进行操作，并禁止喝水、吃东西以及不必要的来回走动等。

实验结束后及时清理消毒地面、桌面、工具等，防止病原体污染，离开现场前，进行个人清洁消毒。

3.3.5 典型案例分析

案例2

东北农大28名师生剖活羊染“怪病”

2010年12月19日，黑龙江东北农业大学畜禽生产教育班30名学生在动物医学学院实验室进行“羊活体解剖学实验”时，28 人感染布鲁氏菌，包括 27 名学生和 1 名教师。症状为关节疼痛、全身乏力等，严重者生活不能自理。

布鲁氏病：属乙类传染病，人畜共患，潜伏期 7～60 天，发病后三个月为急性期，主要由患病牲畜传染给人，症状表现为发热、关节肌肉痛、乏力多汗等临床症状。

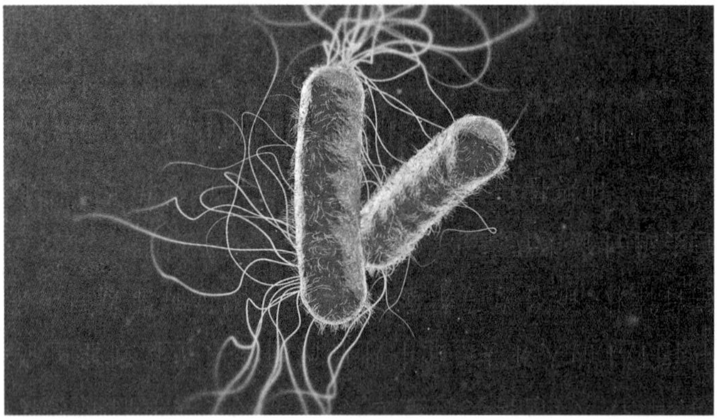

图 3-4　布氏杆菌图示

1. 事故分析

（1）实验前存在的问题

① 实验准备：学校从养殖场购买的 4 只山羊均没有经过动物防疫部门的检疫，也没有进行任何实验室前检验检疫，第二天就拿进了实验室。

② 实验室安全教育：进行实验操作时本应该严格穿戴实验服、口罩、手套，但是由于教师要求不严格，导致了安全事故发生。

③ 学生反映：学校没有实验室安全方面的课程或培训，更没有讲到动物传染病传给人的问题。

④ 教师反映：有实验室安全制度，但没有详细念给同学们听。制度贴在实验室墙上，没有提醒同学们看，教师们对人畜共患传染病的认识也不够。

（2）实验中存在的问题

① 学生：实验中，一些人并未戴手套，戴口罩者只有三两人，还有一些学生因为戴手套不方便做实验，摘掉手套。

② 教师：在没有戴手套的情况下徒手扒开羊的内脏。

（3）实验后存在的问题

① 个人消毒：学生没有进行消毒，教师也没有提醒学生消毒。

① 实验室消毒：这批山羊先后共进行了五次实验，每次实验前后，该实验室均未消毒。

2. 事故安全警示

实验所使用的动物必须严格执行许可证制度，严控实验动物质量，对其携带的微生物和寄生虫实行控制，保证遗传背景明确、来源清晰。实验过程中学生必须严格遵守操作章程，进行有准备的实验。

案例3

1967年德国马尔堡病毒实验室感染事件

德国法兰克福北方小镇——马尔堡，正是因为马尔堡病毒而得名。1967年8月，一名实验室工作人员突然发生高热、腹泻、呕吐、大出血、休克和循环系统衰竭，这个小镇的宁静从此被打破了。

当地的病毒学家快速调查原因，此种症状同样出现在法兰克福和贝尔格莱德（南斯拉夫首都）的实验室里，这三个实验室都曾经将来自乌干达的猴子用于脊髓灰质炎疫苗等研究。一共有37人，包括实验室工人、医务人员和他们的亲戚都感染上了这种莫名的疾病，其中有1/4的人死去。3个月后德国专家才找到罪魁祸首：一种危险的新病毒，形状如蛇行棒状，命名为马尔堡病毒，与埃博拉病毒为同一家族，却比埃博拉病毒厉害得多，它会通过猴类传染给人类。

马尔堡出血热是一种恶性病毒传染病，主要通过体液传染，能引起高烧、恶心、腹泻和呕吐等各种紧急病症，5～7天后会出现严重的出血症状，如果治疗不及时病人会在一周内死亡。

埃博拉—马尔堡病毒病又叫作非洲出血热、马尔堡病毒病、埃博拉病毒出血热，是一种严重的急性病毒性疾病，通常有突起发热、身体不适、肌痛和头痛，接着出现咽炎、呕吐、腹泻和斑丘疹；有出血倾向，常伴有肝损害、肾衰竭、中枢神经系统受损，最后多器官功能失调而休克。

3.4　生物实验废弃物处理

3.4.1　生物废弃物处理相关法律法规

我国生物废弃物处理相关法律法规包括《医疗废物管理条例》《医疗卫生机构医疗废物管理办法》《医疗废物分类目录》等。

3.4.2 病原微生物废弃物

病原体的培养基、标本和菌种、毒种保存液等高危险废弃物，在交医疗废物集中处置单位处置前应就地进行高压消毒。

3.4.3 实验动物废弃物

实验动物使用的各种废弃物可按《医疗废物分类目录》进行相应分类，并严格按照《医疗废物管理条例》的规定进行处理。

根据实验动物使用的废弃物的特征可分为以下 5 种。

(1) 感染性废弃物：如被动物血液、体液污染的物品。

(2) 病理性废弃物：实验动物尸体等废弃物。

(3) 损伤性废弃物：废弃的锐器。

(4) 药物性废弃物：变质或者被污染的废弃药品。

(5) 化学性废弃物：具有毒性、腐蚀性、易燃易爆性的废弃化学物品。

本章习题

1. 以下关于 CO_2 培养箱使用注意事项的说法错误的是(　　)。

A. 组织培养皿需放在塑料盘内进行孵育

B. 培养瓶和碟可以叠放

C. 定期清洁和消毒

D. 专人管理，每天检查 CO_2、管道，防止漏气，检查温度等

2. 过滤除菌操作时，将菌液注入滤器过滤，时间不宜过长，压力控制在(　　)为宜。

A. 0～30 mmHg　　B. 100～200 mmHg

C. 200～500 mmHg　　D. 500～600 mmHg

3. 过滤除菌操作时，滤器和过滤瓶等装置使用前用(　　)进行消毒灭菌。

A. 烘箱　　B. 高压灭菌锅

C. 加热真空烘箱　　D. 微波炉

4. 以下过滤除菌操作的正确顺序是(　　)。

A. 使用前，将滤器和过滤瓶等全部装置用纸包好经高压灭菌

B. 用橡皮管以无菌操作将过滤瓶、安全瓶、压差计和抽气系统连接

C. 将待过滤液体注入滤器过滤，时间不宜过长，压力控制在 100～200 mmHg

D. 使用时，在无菌操作条件下将滤器安装到过滤瓶上

5. 关于使用高压灭菌器注意事项不正确的是(　　)。

A. 注意防护，防止烫伤，待温度降下后再开盖

B. 禁止器皿盖着盖子进行高压灭菌，易产生爆裂

C. 定期检查排水桶、排水管

D. 一次高压灭菌物品尽可能装满

6. 关于使用生物实验材料注意事项说法错误的是(　　)。

A. 微生物、动物组织、细胞培养液、体液等生物材料可能存在细菌和病毒感染的潜伏性危险，处理时必须谨慎、小心

B. 被微生物等污染的玻璃器皿在清洗或高压灭菌前，应先浸泡在适当的消毒液中

C. 在缺乏高压灭菌设备时，可煮沸消毒被污染的物品

D. 做完实验后，必须用肥皂、洗涤剂或消毒液充分洗净双手

7. 狂犬病毒培养或动物感染实验应在(　　)生物安全实验室中进行。

A. BSL-1 或 ABSL-1　　B. BSL-2 或 ABSL-2

C. BSL-3 或 ABSL-3　　D. BSL-4 或 ABSL-4

8. 生物医学实验室内无污染的死亡动物尸体、组织碎块，应(　　)。

A. 用塑料袋包装丢入生活垃圾桶中

B. 自行深埋处理

C. 密封在专用塑料袋内，冷冻保存，并交专门机构处理

D. 自行焚烧处理

9. 凡从事动物实验的人员，必须取得有关部门颁发的(　　)。

A. 实验动物从业人员上岗证

B. 健康证明

C. 专业学位证书

D. 动物实验技术人员资格认可证

10. 高压蒸汽灭菌是对实验材料进行灭菌的最有效和最可靠的方法，确保正确灭菌的条件是(　　)。

A. 121 ℃、灭菌 10 分钟　　B. 100 ℃、灭菌 30 分钟

C. 121 ℃、灭菌 15 分钟　　D. 115 ℃、灭菌 15 分钟

第4章

特种设备安全

特种设备是指对人身和财产安全有较大危险性的锅炉、压力容器(含气瓶)、压力管道、电梯、起重机械、客运索道、大型游乐设施、场(厂)内专用机动车辆、压力管道元件、安全附件等。根据国家公布的《特种设备目录》,高校实验室设备中,属于特种设备的主要有压力容器(含气瓶)、起重机械、场(厂)内专用机动车辆、电梯及安全附件。

4.1 压力容器

4.1.1 压力容器基本内容

4.1.1.1 基本概念

根据《特种设备目录》,压力容器是指盛装气体或者液体、承载一定压力的密闭设备,其范围规定为最高工作压力≥0.1 MPa(1 kg)(表压)的气体、液化气体和最高工作温度高于或者等于标准沸点的液体、容积≥0.03 m^3(30 L)且内直径(非圆形截面指截面内边界最大几何尺寸)≥150 mm 的固定式容器和移动式容器;盛装公称工作压力≥0.2 MPa(表压),且压力与容积的乘积≥1.0 MPa·L 的气体、液化气体和标准沸点等于或低于 60 ℃的气瓶;氧舱。

4.1.1.2 基本工艺参数

1. 压力

压力指的是均匀垂直作用在物体表面的力,而压强指的是均匀垂直作用在物体表面单位面积上的压力。通常,在针对特种设备时,我们把涉及的压强称作为“压力”。

(1) 公称压力 PN

“公称压力”指的是基准温度下允许的最大工作压力。对于承受内压的压力容器,其公称压力为在正常使用过程中顶部可能出现的最大表压力;而对于承受外压的压力容器,其公称压力则指的是正常使用过程中可能出现的最大压力差值。

(2) 工作压力 P_t

“工作压力”指的是压力容器在正常工作时顶部可能达到的最大压力(不包括液体静压力)。

(3) 设计压力 P_e

“设计压力”指的是设定的容器顶部最高压力,与设计温度一起作为容器基本载荷条件。在相应的设计温度下,用于确定容器壁厚及其元件尺寸的压力。通常,设计压力等于或者高于压力容器的最高工作压力。

(4) 试验压力 P_s

“试验压力”指的是在压力容器进行耐压试验或泄漏试验时顶部的压力。

(5) 爆破压力

“爆破压力”指的是压力容器在内压作用下发生爆破前能承受的最大压力。

2. 温度

温度是压力容器的另一个重要参数,一般用测温仪表温度计对压力容器的温度进行测量。

(1) 临界温度 t_c

临界温度指的是气体以液态形式出现的最高温度。气体的临界温度越高,表示其越容易液化;温度比临界温度越低,液化所需要的压力就越小。

(2) 设计温度 t_0

“设计温度”指的是压力容器正常工作时,在相应设计压力下容器表壁或受压元件可能达到的最高或最低温度。

(3) 工作温度 t_w

工作温度是指在正常操作条件下容器内介质物料的温度。

3. 介质

压力容器在使用过程中,会盛装各种性质的介质,其中不少介质往往是有毒、易燃、易爆的。压力容器的介质种类繁多,且大部分为气体介质,极易发生泄漏和挥发。根据气体的临界温度,可以将其分为压缩气体、液化气体以及溶解气体。

(1) 压缩气体

临界温度低于 −10 ℃的气体为压缩气体,其中包括空气、氧气、氮气、氢气、甲烷等等。由于压缩气体的临界温度较低,因此在运输及使用过程中均为气态,气体的压缩程度取决于施加压力的高低。

空气作为一种常用的气体介质,容易被压缩,来源方便且使用安全,故常被作为压力容器的动力来使用,常常用于物料运输和料液搅拌及管道吹扫等作业,也作为气密性试验或气压试验的介质在化工生产行业中使用。

氧气是一种无色无味的助燃气体，由于其化学性质活泼，极易与其他物质发生氧化反应，助燃可燃气体并放出热量。当氧气与可燃气体积按照一定比例混合时，在火源的条件下会产生爆炸。

氢气作为一种无色、无臭、无味、无毒的易燃气体，在燃烧过程中只生成水且不污染环境，因此被视为最清洁的能源。但由于氢气的强渗透性能，在一定温度与压力下会致使暴露于其中的钢材环面变形并引发脆化作用；另外，氢气会在钢材料的微孔隙缝中与碳发生反应生成甲烷，而甲烷的生成又会进一步扩大空隙的裂纹，由此又加速了氢气在微观组织上的迁移，极大地降低了钢材的机械性能。

氮气作为一种无毒无味的气体，属于窒息性气体。其在自然界中的分布极其广泛，且化学性质不活泼，因此在工业上常常被用于气体的置换或者密封性试验。

(2) 液化气体

液化气体根据临界压力和环境温度的变化，会以两种形式存在。第一，低压液化气体，这种气体的临界温度往往高于环境温度且其蒸汽压较低，所以称之为低压液化气体。氯气、氨气、二氧化硫等气体均为低压液化气体。容器中的气体往往是以气液两相平衡的状态存在的，其压力是容器中气体在相应温度下的饱和蒸汽压。第二，高压液化气体，这种气体的临界温度处于环境温度变化范围之内且饱和蒸汽压较高，因此称之为高压液化气体。二氧化碳、乙烷、乙烯等均属于高压液化气体。它会随着环境温度的变化而发生相的变化，可能是单一的气相，也可能是气液两相共存。

(3) 溶解气体

溶解气体指的是加压包装供运输时溶解于液相溶剂中的气体。我国目前的溶解气体仅有乙炔。

4.1.1.3 分类

压力容器的种类繁多，依据《特种设备目录》，将其分为固定式压力容器、移动式压力容器、气瓶、氧舱等。

1. 固定式压力容器

固定式压力容器是指安装在固定位置使用的容器。固定式压力容器主要有超高压容器、第三类压力容器、第二类压力容器和第一类压力容器。

(1) 超高压容器

超高压容器的设计压力≥100 MPa(1 000 kg)，设计温度范围在 -40 ℃至 400 ℃之间。

（2）第三类压力容器

第三类压力容器范畴较广，如表 4-1 所示。

表 4-1 第三类压力容器

序号	压力范围/MPa	类别	备注
1	$10 \leqslant P_e < 100$	高压容器	—
2	$1.6 \leqslant P_e < 10$	中压容器	仅限毒性程度为极度危害、高度危害的物质
3		中压储存容器	仅限易燃或毒性程度为中度危害的物质，且压力容积乘积≥10 MPa · m^3
4		中压反应容器	仅限易燃或毒性程度为中度危害的物质，且压力容积乘积≥0.5 MPa · m^3
5	$0.1 \leqslant P_e < 1.6$	低压容器	仅限毒性程度为极度危害、高度危害的物质，且压力容积乘积≥0.2 MPa · m^3
6		中压搪玻璃压力容器	—
7		使用强度级别较高的材料制造的压力容器	—
8		移动式压力容器，如：LPG 运输车	—
9		球形储罐	容积>50 m^3
10		高压、中压管壳式余热锅炉	—
11		低温液体储存容器	容积>5 m^3

（3）第二类压力容器

第二类压力容器相关内容如表 4-2 所示。

表 4-2 第二类压力容器

序号	压力范围/MPa	类别	备注
1	$1.6 \leqslant P_e < 10$	中压容器	—
2	$0.1 \leqslant P_e < 1.6$	低压容器	仅限毒性程度为极度危害、高度危害的物质
3		低压反应容器和低压储存容器	仅限易燃或毒性程度为中度危害的物质
4		低压管壳式余热锅炉	—
5		低压搪玻璃压力容器	—

(4) 第一类压力容器

第一类压力容器主要是指低压容器，设计压力范围在 0.1 MPa 至 1.6 MPa 间(含下限)。依据《固定式压力容器安全技术监察规程》，“简单压力容器”需同时满足以下条件：

① 压力容器由筒体和平盖、凸形封头(球冠形封头除外)组成；

② 筒体、封头和接管等主要受压元件的制造材料为碳素钢、奥氏体不锈钢或 Q345R；

③ 设计压力≤1.6 MPa(16 kg 压力)；

④ 容积≤1 m^3；

⑤ 工作压力与容积的乘积≤1 MPa · m^3；

⑥ 介质为空气、N_2、CO_2、惰性气体、医用蒸馏水蒸汽或气液混合物，以上介质中可含油，但不得影响整体性质；

⑦ 设计温度≥－20 ℃，最高工作温度≤150 ℃；

⑧ 非直接接触火焰的焊接容器。

简单压力容器不包括危险化学品包装物、灭火器、快开门式压力容器。简单压力容器参照一般设备进行使用和管理。

2. 移动式压力容器

移动式压力容器指实验场所内搬动、使用的实验用压力容器。移动式压力容器一般参照固定式压力容器进行使用和管理，比如：高压灭菌器、杜瓦罐。实验场所内用作实验的移动式空气压缩机的储气罐也参考固定式压力容器进行使用和管理。

4.1.2 压力容器相关要求

1. 设备要求

所使用的压力容器须取得“特种设备使用登记证”，参考图 4-1 所示。

2. 操作人员要求

属于特种设备的压力容器，操作人员必须有“特种设备作业人员证”，参考图 4-2 所示。

操作人员所持有的“特种设备安全管理和作业人员证”必须在有效期内。

3. 操作要求

(1) 定期检查

① 压力容器必须委托有资质的单位定期检验，通过检验后方可取得安全检验合格证。

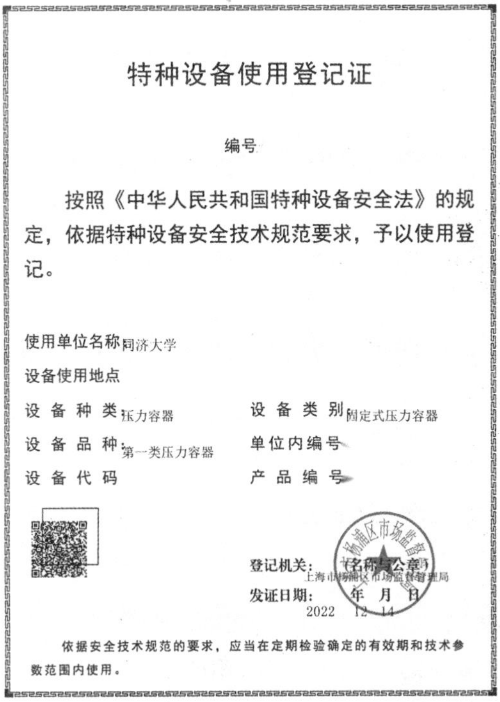
特种设备使用登记证

编号

按照《中华人民共和国特种设备安全法》的规定，依据特种设备安全技术规范要求，予以使用登记。

使用单位名称 同济大学

设备使用地点

设 备 种 类 压力容器　　设 备 类 别 固定式压力容器

设 备 品 种 第一类压力容器　　单位内编号

设 备 代 码　　产 品 编 号

登记机关：（名称与公章）上海市杨浦区市场监督管理局

发证日期：　年　月　日 2022 12 14

依据安全技术规范的要求，应当在定期检验确定的有效期和技术参数范围内使用。

图 4-1　“特种设备使用登记证”图示

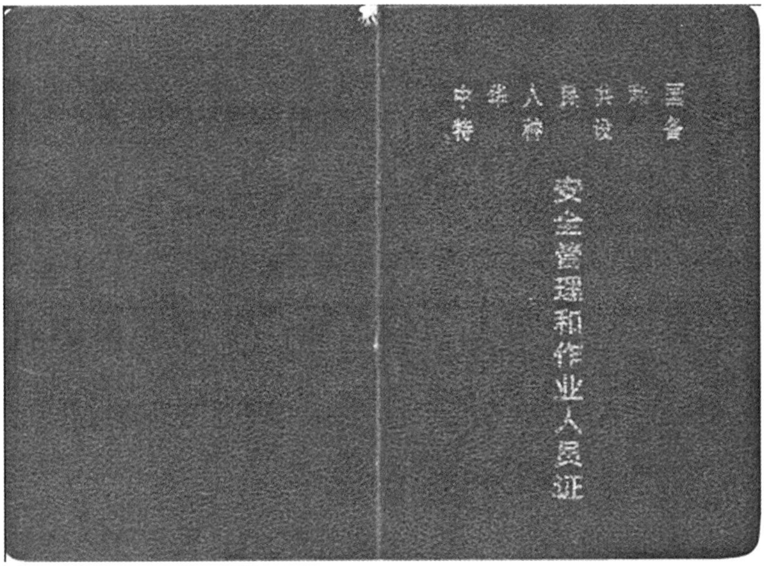

图 4-2　“特种设备安全管理和作业人员证”图示

② 压力容器首次检验在投入使用前完成，后续检验一般每3～6年一次；下次检验时间依据特种设备检验部门出具的安全检验合格证为参考，在合格证到期前一个月内进行。

③ 将安全检验合格证置于特种设备的显著位置。

④ 压力容器的安全阀、压力表等安全附件必须委托有资质的单位定期检验，一般每年检验一次。

(2) 使用要求

① 一般不应使用超过使用年限或未规定使用年限但已超过20年的压力容器，如超过年限，需经学校主要负责人批准后，办理使用登记证书变更，方可继续使用。

② 大型实验气体（窒息、可燃类）罐应安装在室外空旷场所，并设置隔离装置隔绝无关人员，在醒目位置处张贴安全警示标识。

③ 大型实验气体罐应安装在通风良好、干燥的场所，避免阳光直射并远离火源热源（液氧罐尤其需要注意）。

④ 易燃易爆的储气罐应远离火源，存储场所必须防爆，电器开关和熔断器应采用防爆产品，专用压力气瓶贮存场所或气瓶柜要有防爆功能。

⑤ 属于特种设备的压力容器实行使用登记制度，应及时填写使用登记表，该表应详细记录使用时间、操作人员、设备状况等信息；不属于特种设备的压力容器不强制要求实行使用登记。

4.1.3 压力容器常见错误或隐患

(1) 所使用的压力容器未取得“特种设备使用登记证”；

(2) 操作人员无“特种设备作业人员证”或该证件不在有效期内；

(3) 压力容器不具有安全检验合格证或安全检验合格证不在有效期内；

(4) 安全检验合格证没有粘贴在特种设备的显著位置；

(5) 安全阀、压力表等安全附件没有及时校验；

(6) 检验单位无相应资质；

(7) 压力容器超过服役期限，未办理相关手续；

(8) 压力容器存在故障未修复的情况下继续工作；

(9) 大型储气罐放置于室内、靠近火源热源、无隔离装置、无安全警示标识或标识不醒目；

(10) 易燃易爆储气罐场所未防爆，电气开关和熔断器未采用防爆产品；

(11) 对于压力容器没有实行使用登记制度，无使用登记表或使用登记表填写不规范。

4.1.4 压力容器典型案例

案例4

某高校实验室发生气瓶爆炸事故

2015年北京某高校实验室发生火灾爆炸事故，造成一名博士后死亡。经查，系实验用的氢气钢瓶意外爆炸所致，爆炸点距该名实验人员约2～3米。现场调查显示，钢瓶原高度大概1 m，爆炸后只剩上半部大概40 cm。气瓶泄漏起火示意图见图4-3。

图4-3 气瓶泄漏起火示意图

气瓶发生爆炸主要有以下几种原因：

(1) 气瓶的材质、结构或制造工艺不符合安全要求。例如材料冲击值低、瓶体严重腐蚀、瓶壁厚薄不匀、有夹层等。

(2) 由于保管和使用不当，受日光曝晒、明火、热辐射等作用，使瓶温过高，压力剧增，直至超过瓶体材料的强度极限，发生爆炸。

4.2 起重机械

4.2.1 起重机械基本内容

4.2.1.1 基本概念

起重机械(起重机、行车等),是指用于垂直升降或者垂直升降并水平移动重物的机电设备,包括额定起重量大于或等于3 t且提升高度大于或等于2 m的起重机,以及额定起重量大于或等于0.5 t的升降机和层数大于或等于2层的机械式停车设备。

4.2.1.2 起重机械的性能参数

起重机的技术参数表明起重机的工作性能和技术经济指标,既是设计起重机的技术依据,也是制造和选用起重机的依据。其主要技术参数有以下4条。

1. 额定起重量

起重机正常工作时允许一次起吊的物品的最大重量,包括被吊物、吊具和属具质量的总和。

2. 起升高度

从地面或运行轨道顶面至取物装置允许起升的最高位置的垂直距离。

3. 跨度

桥架型起重机运行轨道中心线之间的水平距离。

4. 幅度

旋转臂架型起重机处于水平位置时,起物装置中心铅垂线与回转中心线之间的水平距离。

4.2.1.3 分类

起重机械可以按照以下4个原则进行分类。

(1) 按构造分:桥架型起重机、缆索型起重机、臂架型起重机。

(2) 按起物装置和用途分:吊钩起重机、抓斗起重机、电磁起重机、冶金起重机、堆垛起重机、集装箱起重机、塔式起重机和救援起重机。

(3) 按运移方式分:固定式起重机、运行式起重机、爬升式起重机、便携式起重机、随车起重机以及辐射式起重机。

(4) 按工作机构驱动方式分：手动起重机、电动起重机、液压起重机、内燃起重机和蒸汽起重机等。

起重机的机械类型见表 4-3。

表 4-3　起重机械的类型

	轻小型起重机	桥架型起重机	臂架型起重机	堆垛起重机
起重机械	千斤顶	梁式起重机	臂架型起重机	桥式堆垛起重机
	手扳葫芦	通用桥式起重机	固定回转起重机	巷道堆垛起重机
	手拉葫芦	门式起重机	门座起重机	双立柱堆垛起重机
	电动葫芦	装卸桥	塔式起重机	单立柱堆垛起重机
	单轨起重机	冶金桥式起重机	汽车起重机	
		缆索起重机	轮胎起重机	
			履带起重机	
			铁路起重机	
			浮式起重机	

为保证起重机人机安全，起重机设有多种安全防护装置，包括限位器、缓冲器、防碰撞装置、防偏斜和偏斜指示装置、夹轨器和锚定装置、超载限制器和力矩限制器等。限位器用来限制起重机各机构在限定范围内运转，不能用于停车。缓冲器设置在起重机与止挡体相碰撞的位置，用于吸收起重机的运行动能。

4.2.2　起重机械相关要求

1. 设备要求

属于特种设备的起重机械应进行使用登记并取得“特种设备使用登记证”。

2. 操作人员要求

(1) 起重机械操作人员应经培训合格，取得“特种设备作业人员证”；

(2) 操作人员的“特种设备作业人员证”必须在有效期内。

3. 操作要求

(1) 定期检查

① 新购起重机应在投入使用前或投入使用一个月内向政府特种设备监督管理部门办理注册登记，委托特检机构完成首次检验；此后在特种设备定期检验有效期届满

的1个月前，向特种设备检验机构提出定期检验申请，并做好相关准备工作。

② 应将定期检验合格证置于特种设备显著位置。

③ 普通起重设备(起重量3t以下)不强制要求定期检验。

(2) 使用要求

① 对特种起重设备进行每月维护和自查并做好记录，对不属于特种设备的起重设备也建议每月进行维护和自查。

② 在使用过程中如发现起重机械有异常情况，应立即停止工作，及时处理和维修。

③ 编制起重设备的安全操作规程，明确安全使用说明、安全注意事项、应急处置方案等。

④ 在醒目位置张贴警示标识。

⑤ 落实必要的防护措施，例如起重机限位器等。

⑥ 起重设备上应设置能正常工作的蜂鸣器、闪光灯等作业报警装置。

4.2.3 起重机械常见错误或隐患

(1) 所使用的特种设备起重机未取得"特种设备使用登记证";

(2) 属于特种设备的起重机械停用后未及时办理停用手续;

(3) 违规使用已经停用或报废注销的起重设备;

(4) 操作人员无"特种设备作业人员证"或该证件不在有效期内;

(5) 属于特种设备的起重设备超期未进行检验;

(6) 未张贴特种设备检验合格标志;

(7) 没有对特种设备进行定期维护保养和检查，或没有相应的记录;

(8) 未制定和张贴安全操作规程，未张贴警示标识或张贴位置不明显;

(9) 未采取必要的防护措施;

(10) 未设置报警装置或报警装置不能正常工作。

4.2.4 起重机械事故案例统计

起重机械应用广泛、数量多、参数大、作业环境恶劣、作业人员众多，事故时有发生。据统计，截至2018年底，我国在册起重机械共计234.79万台(较2017年增长11.04万台)，占特种设备总量的16.84%。2018年，起重机械发生事故100起(较2017年增加7起)，占特种设备事故总量的45.66%。2022年，起重机械发生事故25起，占特种设备事故总量的23.15%;关于起重机械的事故主要发生在使用环节，因此起重机械的安全使用尤为重要。

4.3　场(厂)内专用机动车辆

4.3.1　场(厂)内专用机动车辆基本内容

4.3.1.1　基本概念

场(厂)内专用机动车辆是指除道路交通和农用车辆以外仅在工厂厂区、旅游景区、游乐场所等特定区域使用的专用机动车辆。场(厂)内专用机动车辆种类繁多,实验场所使用的主要是指叉车。叉车是指以货叉为取物装置,具有提升堆垛和搬运货物功能的工业车辆。

4.3.1.2　叉车的性能参数

1. 额定起重量

是指货叉上的货物重心位于规定的载荷中心上时,允许起升的货物最大质量。

2. 载荷中心距

是指额定起重量货物的重心至货叉垂直段前表面的水平距离。

3. 最大起升高度

是指门架直立,货叉承载额定起重量升至最高位置时,货叉水平段上表面至地面的垂直距离。

4. 自由起升高度

是指叉车空载,门架直立且外形高度不变条件下货叉起升,能达到的货叉水平段上表面至地面的最大垂直距离。

5. 最大起升速度

是指叉车满载时,货物起升的最大速度。

6. 门架倾角

是指叉车空载,门架相对其垂直位置向前和向后的最大倾斜角。

7. 最大行驶速度

是指叉车在空载或满载运行状态所能实现的最大速度。

8. 最大爬坡度

是指叉车满载,在坚实良好的路面上,以低挡匀速行驶时能爬越的最大坡度。

9. 最小转弯半径

是指叉车转弯时,转向中心至叉车尾部外形轮廓最远点之间能达到的最小距离,也称为外廓最小转弯半径。而叉车空载,两货叉处于最大间距位置,转向中心至叉尖外侧的距离称为叉车的叉尖最小转弯半径。

10. 直角通道最小宽度

是指叉车以最大货叉间距从直角通道转弯时,所必需的最小通道宽度。

11. 最小离地间隙

是指叉车车体上最低点到地面的最小垂直距离。它和叉车的外形尺寸及其接近角、离去角等参数反映了叉车的通用性。

4.3.1.3 叉车分类

1. 平衡重式叉车

具有载货的货叉(或其他可更换的属具),其货物相对于前轮呈悬臂状态,依靠自身质量实现平衡。

2. 前移式叉车

具有前、后可移动的门架或货叉架的车辆。当门架或货叉架处于外伸位置时,货叉上的货物处于悬臂状态。

3. 插腿式叉车

车体前方有两条外伸车轮支腿,货叉位于支腿之间。货物重心投影点总是处于支撑面内。

4. 托盘堆垛车

车体前方有两条外伸车轮支腿,货叉位于支腿正上方。货物重心投影点总是处于支撑面内。

5. 侧面式叉车

车辆的货叉架或门架可相对于车辆的运行方向横向伸出和缩回,可进行侧面堆垛或拆垛作业。

4.3.2 场(厂)内专用机动车辆相关要求

1. 设备要求

(1) 场(厂)内专用机动车辆在投入使用前或者投入使用后 30 天内,应当取得"厂内机动车辆监督检验报告",应当向特种设备所在地的特种设备安全监管部门申请办理使用登记。

(2) 场(厂)内专用机动车辆改造、达到设计使用年限继续使用、停用或者报废，使用单位应向登记机关申请变更登记。

(3) 场(厂)内专用机动车辆牌照应固定在车辆前后悬挂车牌的部位。

2. 操作人员要求

(1) 操作人员应经培训合格，取得"特种设备作业人员证"；

(2) 操作人员的"特种设备作业人员证"必须在有效期内。

3. 操作要求

(1) 每月至少检查一次叉车并记录；每年委托特检机构开展 1 次定期检验，应当在定期检验有效期届满的 1 个月前，向特种设备检验机构提出检验申请，并且做好相关准备工作。

(2) 为保障叉车运行安全，车辆的安全部件要进行经常性检查。叉车的安全部件有：制动器、转向器、轮胎、货叉、提升链条、高压胶管、安全阀、限流保护器、护顶架等。保证在无载状态下，20 km/h 的速度制动距离不超过 6 m；荷载状态下，10 km/h 的速度制动距离不超过 3 m。

4.3.3　场(厂)内专用机动车辆常见错误或隐患

(1) 未对需进行使用登记的车辆进行使用登记。

(2) 改造、移装、变更使用单位、使用单位更名、达到设计使用年限后继续使用等情况，使用单位未向登记机关申请变更登记。

(3) 违规使用已经办理停用或报废注销的车辆。

(4) 场(厂)内专用机动车辆未按要求悬挂牌照。

(5) 操作人员未取得"特种设备作业人员证"或该证不在有效期内。

(6) 车辆超期未进行定期检验。

(7) 未张贴有效期内的车辆检验合格标识。

4.3.4　场(厂)内专用机动车辆事故案例统计

国家有关部门对全国工矿企业伤亡事故的统计表明，发生死亡事故最多的是企业内运输事故，约占全部工伤事故的 25%，其中人员坠落事故占 17.1%，物体坠落事故占 8.7%。

场(厂)内机动车辆伤害事故有一定的规律性。首先，车辆伤害事故与时间有关，发生在 7:00—15:30 的事故最多，占全部事故的 59%；其次和驾驶员年龄有关，事故发生在驾驶员年龄段为 18～40 岁的居多，其中 18～25 岁占 25%，25～40 岁占 32.5%。

4.4 安全附件

4.4.1 安全附件基本内容

安全附件是指安全阀、爆破片装置、紧急切断阀、气瓶阀门等，它们能够保障设备在最高工作压力下的安全运行。

4.4.2 安全附件的分类、结构与使用

4.4.2.1 安全阀

安全阀是一种超压保护装置，专门用来防止锅炉、压力容器以及压力管道内流体压力超过允许值而发生破损或爆炸事故，是压力容器中最为常用的安全附件之一。当压力超过某一规定值时，安全阀自动开启，释放出一部分流体，以使压力迅速降低；待压力降到规定值以下时即自行关闭。为了防止压力容器的超压运行，原则上所有压力容器均需要安装安全阀。

1. 安全阀的分类及结构

按载荷控制方法和加载方式分类，最常见的安全阀有直接载荷弹簧式安全阀、动力控制泄压阀、直接载荷杠杆重锤式安全阀、先导式安全阀、带补充载荷的安全阀等，其中直接载荷弹簧式安全阀应用尤为普遍。直接载荷弹簧式安全阀结构紧凑，其灵敏度高且轻便，对振动的敏感性较弱，因此安装位置不受限，应用十分普遍。这种安全阀的动作性能主要通过弹簧来控制。该安全阀性能的最终好坏取决于弹簧是否能够达到安全阀的设计要求和使用条件。而高温会导致弹簧的弹力减小而产生泄漏，因此这种安全阀不适合高温场合使用。

2. 安全阀的安装

安全阀的正确安装与否关乎到其能否进行正常工作，并实现对压力容器的安全使用保护。安全阀的安装必须做到如下几点：

首先，安全阀需安装在压力容器液面以上的气相空间位置，抑或是与气相空间相连的管道上。

其次，安全阀与压力容器之间不宜设有截止阀门。而针对使用介质为极度、高度、中度危害的，或者易燃、腐蚀、黏性、贵重的压力容器，若经使用单位主管压力容器安全技术负责人批准并制定可靠的防范措施，则可以安装截止阀门，但在压力容器运行期

间，必须保证截止阀门为全开状态。

最后，安全阀必须垂直安装。

3. 安全阀的校验

安全阀应委托特检机构每年校验一次。安全阀校验是指调整安全阀的整定值，使其在压力达到安全阀整定值时能自动开启，以排除多余介质，保证锅炉、压力容器和压力管道在额定压力下继续运行。校验合格的安全阀应该标明其整定压力、回座压力以及下次校验时间，并对其加装铅封。

4.4.2.2 爆破片装置

爆破片装置是压力容器超压泄放装置，在压力超过正常工作压力且达到爆破片装置的标定爆破压力时，爆破片装置会破裂或者脱落，以达到介质排放、容器泄压、保护安全的目的。

1. 爆破片的结构

爆破片装置由爆破片和夹持器组成。其中，爆破片往往由金属、塑料或复合材料制备而成，是装置的主要受压元件；夹持器是将爆破片固定在容器接口上的装置。

2. 爆破片的使用

爆破片装置可以单独使用，也可以与安全阀串联使用。在与安全阀串联使用时，若安装在安全阀进口侧，则应该检查两者之间的压力表有无压力显示，并在打开截止阀的情况下检查是否有气体排出；若安装在安全阀出口侧，则应该检查两者之间的压力表，如果压力表上显示压力，则应该打开截止阀，同时进行疏水和排气的检查。

爆破片装置中的爆破片需要定期更换，一般更换周期为2～3年；若在苛刻的条件下使用，则需要每年更换一次；但对于超过最大设计爆破压力而未爆破的情况，需立即更换新的爆破片。

4.4.2.3 紧急切断装置

紧急切断装置可以在压力容器发生管路附件破裂、其他阀门密封失效、装卸物料时流速过快、所处环境发生火灾等各种紧急情况下，迅速地进行通路切断，防止压力容器内物料大量外泄，进而减少危险事故的发生。

1. 紧急切断装置的分类

根据紧急切断装置阀的形式，可分为角式紧急切断装置和直通式紧急切断装置；而按照操作方法，则可分为机械牵引式、油压操作式、启动操作式等等。

2. 紧急切断装置的使用

所有紧急切断装置必须经过耐压、密封性试验，动作时间及过流闭止试验，并取得合格证书、试验报告后才可出厂使用。

油压式或气压式紧急切断阀要求在工作压力下全开，保证动作灵活、性能可靠，且持续放置 48 小时仍不会自然闭止。

紧急切断阀不得兼作阀门使用，并且在使用过程中需定期对其进行检验，保证其灵敏性可靠。

4.4.2.4 压力表

压力表是用来测量压力容器中介质压力的表计。压力表用于显示压力容器内工作介质的压力，向操作人员提供信息，防止设备超压而发生事故。

1. 压力表的分类及工作原理

压力表一般分为液柱式、弹性元件式、活塞式和电量式四大类。压力容器使用的压力表一般都是弹性元件式，且多采用单圈弹簧管压力表。弹簧管压力表主要由表壳、表盘、弹簧管、连杆、扇形齿轮、指针、轴心架等组成。其工作原理是：接受压力后，弹簧管膨胀至圆形，其自由端向外伸展，通过连杆和扇形齿轮的传动，带动指针旋转，在有刻度的表盘上指出受压的数值。相对压力逐步减小到零时，弹簧管随之收缩，逐渐恢复原形，指针也被带回到零位。弹簧压力表一般分为单圈弹簧压力表和多圈弹簧管压力表。

2. 压力表常见故障及处理办法

压力表常见故障有指针不动（表 4-4）、指针回不到零位（表 4-5）、指针抖动（表 4-6）、表面模糊或有水珠（表 4-7）等。

表 4-4 压力表常见故障——指针不动

序号	原因	处理办法
1	忘开旋塞或旋塞位置不正确	拧开旋塞或将其调至正确位置
2	旋塞、压力表存水弯管的通道堵塞	清洗压力表，吹洗通道，必要时更换旋塞或压力表
3	指针与中心轴松动或指针卡住	将指针紧固在中心轴上，或清除指针卡住物
4	弹簧管与基座的焊口渗漏	补焊渗漏处
5	扇形齿轮与小齿轮松动、脱开	检修扇形齿轮和小齿轮，使其啮合

表 4-5 压力表常见故障——指针回不到零位

序号	原因	处理办法
1	弹簧弯管产生永久变形，失去弹性	更换压力表
2	中心轴上的游丝失去弹性或脱落	更换游丝或重新安装
3	旋塞、压力表存水弯管的通道堵塞	清洗压力表，吹洗通道，必要时更换旋塞或压力表
4	指针与中心轴松动，或指针卡住	将指针紧固在中心轴上，或消除指针卡住物

表 4-6 压力表常见故障——指针抖动

序号	原因	处理办法
1	游丝损坏	检修游丝
2	弹簧管自由端与连杆的接合螺栓，或连杆与扇形齿轮的接合螺栓活动受影响，当弯管扩展移动时扇形齿轮抖动	检修接合螺栓
3	中心轴两端弯曲，转动时局部堵塞	更换压力表
4	旋塞或存水弯管的通道被局部堵塞	吹洗通道
5	小齿轮、扇形齿轮或轴等传动机构中有脏物或生锈	清洗压力表
6	受周围振动的影响	消除振动因素

表 4-7 压力表常见故障——表面模糊或有水珠

序号	原因	处理办法
1	玻璃表面与壳体接合处没有橡皮垫圈，或垫圈破损，使接合面密封不好	加装或更换橡皮垫圈
2	簧弯管与表座的焊口有渗漏	补焊渗漏处

水汽介质压力容器与压力表之间须安装存水弯管，其作用是冷却和缓冲。压力容器与压力表之间安装三通旋塞阀或针形阀。

3. 压力表的校验

压力表在安装前均需要进行校验。定期校验应由国家法定的计量检验单位实施，校验合格的压力表应该在其刻度盘上划出最高工作压力的红线标志并标明下次校验时间，并对其进行加装铅封。

4.5 机械安全

4.5.1 机械的定义

机械是由若干零部件连接而成的组合体，其中至少有一个零件是运动的，并且具有制动、控制和动力系统等。这种组合体为一定应用目的服务，如物料加工、搬运或包装以及质量检测等。

4.5.2 机械的分类

从不同分角度，机械设备可有多种分类方法。

1. 按机械设备的使用功能分类

从所属行业部门管理的角度,机械设备通常按特定的用途分为十大类。

(1) 动力机械。例如,锅炉、汽轮机、水轮机、内燃机、电动机等。

(2) 金属切削机床。例如,车床、铣床、磨床、刨床、齿轮加工机床等。

(3) 金属成型机械。例如,锻压机械(包括各类压力机)、铸造机械、辊轧机械等。

(4) 起重运输机械。例如,起重机、运输机、卷扬机、升降电梯等。

(5) 交通运输机械。例如,汽车、机车、船舶、飞机等。

(6) 工程机械。例如,挖掘机、推土机、铲运机、压路机、破碎机等。

(7) 农业机械。用于农、林、牧、副、渔业各种生产中的机械,例如,插秧机、联合收割机、园林机械、木材加工机械等。

(8) 通用机械。被广泛用于生产各个部门甚至生活设施中的机械,例如,泵、阀、风机、空压机、制冷设备等。

(9) 轻工机械。例如,纺织机械、食品加工机械、造纸机械、印刷机械、制药设备等。

(10) 专用设备。各行业生产中专用的机械设备,例如,冶金设备、石油化工设备、矿山设备、建筑材料和耐火材料设备、地质勘探设备等。

2. 按能量转换方式不同分类

(1) 产生机械能的机械。例如,蒸汽机、内燃机、电动机等。

(2) 转换机械能为其他能量的机械。例如,发电机、泵、风机、空压机等。

(3) 使用机械能的机械。这是应用数量最多的一类机械。例如,起重机、工程机械等。

3. 按设备规模和尺寸大小分类

可分为小型(长宽高均小于 6 m)、中型(长宽高均介于 6 m 和 12 m 之间)和大型(长宽高均大于 12 m)三类机械设备。

4. 从安全卫生的角度分类

根据我国对机械设备安全管理的规定,借用欧盟机械指令中危险机械的概念,从机械使用安全卫生的角度,可以将机械设备分为三类。

(1) 一般机械。事故发生概率很小,危险性不大的机械设备。例如,数控机床、加工中心等。

(2) 危险机械。危险性较大的、人工上下料的机械设备。例如,木工机械、冲压剪切机械、塑料机械等。

(3) 特种设备。涉及生命安全、危险性较大的设备设施,包括承压类设备(锅炉、压力容器和压力管道)、机电类设备(电梯、起重机械、客运索道和大型游乐设施)和厂内运输车辆。

4.5.3　机械设备的危险和有害因素

按机械设备自身的特点、能量形式及作用方式，将机械加工设备及其在生产加工过程中产生的危险因素，分为机械的危险有害因素和非机械的危险有害因素两大类。

4.5.3.1　机械的危险因素和伤害形式

1. 静止的危险

静止的危险指设备处于静止状态时存在的危险，当人接触或与静止设备做相对运动时可能产生危险，危险因素包括以下四种类型。

(1) 切削刀具的刀刃。

(2) 机械设备突出的较长的机械部分，如设备表面上的螺栓、吊钩、手柄等。

(3) 毛坯、工具、设备边缘锋利飞边和粗糙表面，如未经打磨的毛刺、锐角、毛边等。

(4) 容易引起滑跌、坠落的工作平台，尤其是平台有水或油时更为危险。

2. 直线运动的危险

指做直线运动的机械所引起的危险。引起这类危险的是做往复运动的机械零部件，包括以下六种。

(1) 纵向运动的构件，如龙门刨床的工作台、牛头刨床的滑枕、外圆磨床的往复工作台等。

(2) 横向运动的构件，如升降式铣床的工作台。

(3) 做直线运动的部位，如运转中的带锯、冲模。

(4) 做直线运动的凸起部分，如运动时的金属接头。

(5) 运动部位和静止部位的组合，如工作台与底座组合，压力机的滑块与模具。

(6) 做直线运动的刃物，如牛头刨床的刨刀、带锯床的带锯。

这种机械进行往复的直线运动，当人处在机械直线运动的正前方而未及时避让时，两个相对运动的物体越来越近，特别是在相对运动的两个部件之间、运动部件和静止部件之间可能对人体造成夹挤、冲撞或剪切伤害。

3. 机械旋转运动的危险

引起这类危险的是做旋转运动的机械部件。旋转运动的机械部件容易将人的头发、饰物(如项链)、手套、肥大衣袖或裙下摆随旋转件缠绕，从而造成伤害。这类危险因素主要包括以下五种。

(1) 旋转的轴类零件，包括联轴器、主轴、卡盘、进给丝杠等旋转的机械部件以及磨削砂轮、各种切削刀具(如铣刀、锯片等加工刃具)。

(2) 旋转运动部件上凸出物的打击，如皮带上的金属皮带扣、转轴上的键、定位螺丝、联轴器螺丝等。

(3) 皮带与皮带轮、链条与链轮、两个相互运动的齿轮、轧辊及磨削砂轮、齿条与齿轮、滑轮与绳索间、卷扬机铰筒、绞盘等。

(4) 卷入旋转部件和直线运动的部件，如皮带与带轮、链条与链轮等。

(5) 有些旋转零部件由于有孔洞部分而具有更大的危险性。如风扇、叶片、带辐条的滑轮、齿轮和飞轮的轮辐等。

4. 飞出物击伤的危险

飞出物包括飞出的刀具或机械部件，如未夹紧的刀片、紧固不牢的接头、破碎的砂轮片等。以及飞出的切屑或工件，如连续排出或破碎而飞散的切屑、锻造加工中飞出的工件等。

4.5.3.2 非机械的危险有害因素

1. 电击伤

(1) 触电危险。如机械电气设备绝缘不良，错误的接线或误操作等原因造成触电伤害事故或其他危害。

(2) 静电危险。如在机械加工过程中产生有害静电，将引起爆炸、电击伤害事故。

2. 灼烫和冷冻危害

比如在热加工作业中被高温金属屑体和加工件灼烫的危险，或与设备的高温表面接触时被灼烫的危险，在深冷处理时或与低温金属表面接触时被冻伤的危险。

3. 振动危害

振动危害指在机械加工过程中使用振动工具或机械本身产生的振动所引起的危害。

4. 噪声危害

噪声危害指由于机械的撞击、摩擦、转动而产生的噪声，如球磨机、电锯、切削机床在加工过程中发出的噪声而引起的危害。

5. 电离辐射危害

电离辐射危害指设备内放射性物质(如：X 射线装置、γ 射线装置等)超出国家标准允许剂量时的危害。

6. 非电离辐射危害

非电离辐射危害指紫外线、可见光、红外线、激光和射频辐射等超出卫生标准规定剂量时引起的危害。如从高频加热装置中产生的高频电磁波或激光加工设备中产生的强激光等非电离辐射危害。

7. 化学物危害

化学物危害指机械设备在加工过程中使用或产生的各种化学物所引起的危害，包括在生产过程中的原料、辅助材料、半成品、成品，也可能是副产品、废弃物、夹杂物，或其中含有有毒成分的其他物质，以及酸、碱等化学物质的腐蚀性危害，如在金属的清洗和表面处理时产生的腐蚀性危害。

8. 粉尘危害

（1）固态物质的机械加工或粉碎，如金属的抛光、石墨电极的加工可产生大量粉尘。

（2）某些物质在加热时产生的蒸气在空气中凝结或被氧化所形成的粉尘，如熔炼黄铜时，锌蒸气在空气中冷凝、氧化形成氧化锌烟尘。

（3）有机物质的不完全燃烧，如木材、焦油、煤炭等燃烧时产生的烟尘。

（4）机械设备在生产过程中产生的各种粉尘。例如：在铸造加工过程中、清砂时，或在生产中使用的粉末状物质在混合、过筛、包装、搬运等操作时产生的扬尘；以及沉积的粉尘由于振动或气流的影响又浮游于空气中（二次扬尘）；在焊接作业中，由于焊药分解，金属蒸发所形成的烟尘。

9. 生产环境的危害

生产环境的危害指异常的生产环境引起的危害。如工作区温度过高、过低或温度急剧变化；工作区照明度不足，亮度分布不适当，光或色的对比度不当，以及存在频闪效应、眩光效应等。

4.5.4 高校实验室机械类事故的类型

1. 火灾事故

在高校实验室机械类事故中，火灾事故是比较常见的事故类型之一，也是破坏力比较大的一种事故。发生火灾事故的原因有多种，如设备连续运行时间过长，使得设备内部温度过高；学生实验时，未能严格按照相关规定进行操作，导致设备内部出现短路问题；实验设备运维工作缺失，未发现设备线路严重老化；学生不严格遵守实验室安全管理规定，现场使用明火等。如某高校学生张某在车床实习期间，违反规定在车间抽烟，将未熄灭的烟头扔在堆放在车间角落的废旧抹布堆上，引起着火，幸好被旁边的人员及时发现并及时灭火，才未酿成大祸。

2. 机电伤人事故

机电伤人事故是高校实验室机械类事故中最容易发生的事故类型之一，发生机电伤人事故的原因有多种。

第一种常见的原因是在实验过程中由于人员操作不当或者缺乏相应的防护，发生机械卷入、甩脱、挤压以及碰撞等导致人员受伤。例如：某高校一男生在铣床实习时，用两把三面刃铣刀自动走刀铣一个铜件台阶时，没有用毛刷清除碎屑，而是用带着手套的手去拨抹切屑，导致手套连同手被绞了进去，尽管指导教师及时切断电源，但该生的中指仍被切掉 1 厘米。某高校女生在车床实习时，未按要求将长辫置于帽内，在操作时不慎将头发绞进丝杠，所幸身边指导教师及时发现并拉下总闸，但由于停车惯性，该女生的头皮还是受到了损伤。

第二种则是由于机械类实验室的用电设备较多，线路老化、配电装置和线路布局不合理，存在较大安全隐患，极易造成安全事故。如某车间指导教师张某维修 CW 680 车床，需用临时照明灯，而电气技术员王某在安装 220 V 临时移动照明灯时将相线（火线）接在灯头的螺口上，灯头也没有安全防护罩，当张某移动灯头时，手触摸了裸露的灯头螺口部位，造成了张某触电，经医院抢救无效后死亡。

第三种是由于部分设备在运行时会产生高温、低温的气体或液体，如果没有做好安全防护，操作人员面部或手部暴露后容易与这些气体或液体接触后造成皮肤损伤。

3. 机械设备出现损坏性事故

机械设备损坏性事故主要指的是机械设备在使用过程中，由于线路故障或者雷击等原因造成突然停电，从而使得被加热的介质无法恢复到原始状态，进而造成机械设备损坏，这也是机械类实验室中比较容易出现的安全事故之一。

4.5.5 实验室机械类事故的预防

因为高校机械类事故发生的频率相对较低，所以很多师生对机械类的实验室安全教育重视程度不高，更有部分学生未经系统培训便上岗操作，缺乏相对应的安全知识和自我保护能力，不懂安全操作技术或操作技能不熟练，工作时注意力不集中，工作态度不认真，易受外界影响而情绪波动，不遵守操作规程等，极容易导致机械类事故的发生。

为了预防此类事故的发生，高校应至少做好以下 6 个方面的工作。

1. 扎实开展安全教育

严格落实“三级安全教育”（学校层面、学院层面和实验室层面）工作，认真组织师生学习机械类的实验室安全规章制度和安全操作规程，提高学生自我防护能力；通过图片展、视频播放等形式，组织学生学习典型事故案例，不断强化人员“安全实验”观念，牢固树立“安全第一”意识。同时，在每堂操作课开始前，可以让学生以小组为单位，对操作过程中可能出现的安全问题、事故隐患逐一进行预测分析，制订相应的安全对策，采取相应安全措施，切实做好安全防范，确保操作时不出现安全事故。

2. 合理规划仪器布局

在购买和摆放仪器设备之前要先进行合理的规划布局，如：部分仪器设备要求特殊环境（如恒温恒湿），要事先做好环境规划；部分仪器对层高、承重有要求，在选址和规划上要先做要求；同时还应充分考虑仪器设备之间的安全距离，避免过度拥挤和占用安全通道或造成设备之间相互影响。在仪器上或者周围要进行充分的安全警示，张贴必要的安全标志，主要包括危险源的实质、存在和危害后果，以及如何预防和避免危害的警示等。

3. 严格做好维护保养

在开始使用仪器设备之前要仔细阅读产品操作说明书，了解仪器的使用方法和维护保养建议；必要时需定期对运动部件加润滑油，如果发现零部件出现劣化现象，要及时按维修要求更新零部件；要及时对安全装置进行检查和维保；禁止设备超负荷运行，禁止设备带病运转等；如果设备到了报废年限，要及时予以报废，如因特殊原因不能报废的，需经专业公司检查后，获得其出具的可以继续使用的报告方可继续使用。

4. 认真做好安全检查

安全检查是高校实验室安全管理的一个很有力的抓手，可以及时发现并处理操作者的不安全行为和设备的不安全状态。学校、学院、实验中心可以成立相应的安全督查小组对实验室的机械设备进行多层次、多点位的安全检查，包括防护措施、周围环境（包括电路、物品摆放等）、人员着装等进行抽查和检查，确保不留死角疑点、不留隐患苗头，并及时排除发现的安全隐患。

5. 制订相应的应急预案

学校、学院、实验室应制订一套较为完整、有效、严密的安全应急预案，分阶段、分层次地进行演练，确保实验室人员在事故发生时能够从容应对，从而把事故损失和人员伤亡降到最低。

6. 机械加工设备的一般注意事项

操作机械加工设备的一般注意事项有如下 9 条。

(1) 操纵机床时，要用标准的工具。损坏机械或丢失工具时，必须由当事人说明情况并负责配备。

(2) 机械操作常因加工材料的种类、形状等的变化而引起意外事故，故要加以注意。

(3) 对机械的传动部分（如旋转轴、齿轮、皮带轮、传动带等），要安装保护罩，以防直接用手去摸。对大型机械，要注意即使切断了电源开关，还需经过一定时间，才能停止转动。

（4）当启动机器时，要严格实行检查、发信号、启动三个步骤；停机时，也要实行发信号、停止、检查三个步骤。

（5）即便是停着的机械，也可能有其他不明情况的人合上电源开关。因此，对其进行检查、维修、给油或清扫等作业时，要把启动装置锁上或挂上标志牌。同时，还要熟悉并正确使用安全装置的操作方法。

（6）停电时，一定要切断电源开关和拉开离合器等装置，以防再送电时发生事故。

（7）指示机械的构造或运转等情况，要用木棒之类的东西指明，决不可使用手指。

（8）焊接（电焊或气焊）必须要由熟练人员操作。

（9）工作服必须做得合适，既不会被机械卡着，又适于工作人员轻便灵活地进行操作。工作服要把袖口、底襟收紧；着安全靴，决不可穿木板鞋、拖鞋或皮鞋；一般不戴手套，最好戴帽子、防护面罩及防护眼镜。

4.5.6 机械性损伤事故的应急处理

机械性损伤指当机体受到机械性暴力作用后，器官组织结构被破坏或功能发生障碍，又称为创伤。根据损伤处皮肤或黏膜是否完整可分为闭合性损伤和开放性损伤。

实验室常发生的机械性损伤包括割伤、刺伤、挫伤、撕裂伤、撞伤、砸伤、扭伤等。对于轻伤，处理的关键是清创、止血、防感染。当伤势较重，出现呼吸骤停、窒息、大出血、开放性或张力性气胸、休克等危及生命的紧急情况时，应实施心肺复苏、控制出血、包扎伤口、骨折固定、转运等。

4.5.6.1 轻伤的应急处理

1. 开放性损伤的应急处理

对于较轻的开放性损伤，处理的关键是清创、防感染。具体步骤如下。

（1）伤口浅时，先小心取出伤口中异物；伤口深时，如发生较深的刺伤，先不要动异物，紧急止血后应及时送医院处理。

（2）用冷开水或生理盐水冲洗伤口，擦干。

（3）用碘酊或酒精消毒周围皮肤。

（4）伤口不大，可直接贴“创可贴”。若没有创可贴，或伤口较大时，取消毒敷料紧敷伤处，直至停止出血。

（5）用绷带轻轻包扎伤处，或用胶布固定住伤处；伤口深时，应按加压包扎法止血。

切勿用手指、用过的手帕或其他不洁物触及伤口，勿用口对着伤口呼气，以防伤口感染。伤口较深者，经应急处理后应立即送到医院使用抗生素和注射破伤风抗毒血清防止感染。

2. 闭合性损伤的应急处理

闭合性损伤的急救关键是止血，具体方法如下。

(1) 冷敷：用自来水淋洗伤处或将伤处浸入冷水中 5～10 min。另一种方法是用冷水浸透毛巾，敷在伤处，每隔 2～3 min 换一次，冷敷半小时。若在夏天，可用冰袋冷敷。

(2) 取适当厚度的海绵或棉花一块，放在伤处，再用绷带稍加压力进行包扎。

(3) 应将伤处抬高，使其高于心脏水平，以减少伤处充血。

(4) 若伤处停止出血，急性炎症逐渐消退，但仍有瘀血及肿胀(通常在受伤一两天后)，为活血化瘀，宜作热敷(热水袋敷，热毛巾敷或热水浸)、按摩或理疗。

在损伤初期(24～48 h 内)，应及早冷敷，以使伤处血管收缩，减轻局部充血与疼痛，且不宜立即作热敷或按摩，以免加剧伤处小血管出血，导致伤势加重。

4.5.6.2　严重流血者的急救

大量失血可使伤员在 3～5 min 内死亡。因此对于严重流血者，急救的关键是切勿延误时间，需对伤处直接施压止血。

1. 急救操作步骤

(1) 搀扶伤者躺下，避免伤者因脑缺血而晕厥。同时尽可能抬高其受伤部位，减少出血。

(2) 快速将伤口中明显的污垢和残片清除。

(3) 用干净的布、卫生纸，若没有这些材料，可用手直接按压伤口。

(4) 保持按压直到血止。保持按压 20 min，期间不要松手窥察伤口是否已停止流血。

(5) 在按压期间，可用胶布或绷带(或一块干净的布)将伤口包扎起来以起到施压的作用。

(6) 如果按压伤口仍然无法起到止血的作用，尝试握捏住向伤口部位输送血液的动脉，同时另一只手仍然保持按压伤口的动作。

(7) 血止以后，不要再移动伤者的受伤部位。此时不要拆除绷带，应尽快将伤者送医急救。

2. 注意事项

手的压力和扎绷带的松紧度以能取得止血效果但又不致过于压迫伤处为宜。不要试图取出那些较大的或者嵌入伤口较深的物体。不要拆除绷带或者纱布，即使包扎以后血还不停地通过纱布渗透出来，也不要把纱布拿下来，应该用更多的吸水性更强的布料缠裹住伤口。胳膊上的动脉在腋窝和肘关节之间的手臂内侧，腿部的动脉在膝盖后部和腹股沟处。

4.5.6.3 骨折固定

对骨折部位需及时固定，可以制动、止痛或减轻伤员痛苦，防止伤情加重和休克，保护伤口，防止感染，便于运送。

骨折固定的要领是先止血，后包扎，再固定。固定用的夹板材料可就地取材，如木板、硬塑料、硬纸板、木棍、树枝条等；夹板长短应与肢体长短相称；骨折突出部位要加垫；先扎骨折上下两端，然后固定两关节；四肢需露指(趾)；胸前需挂标志。骨折固定好后应迅速将伤者送往医院。

4.5.6.4 头部机械性伤害的应急处理

头皮裂伤是由尖锐物体直接作用于头皮所致。实验室中可能发生的头部机械性伤害的情况有头发卷入机床造成的头皮撕裂、高空坠物造成的头皮伤害等。

处理较小的头皮裂伤可先剪去伤口周围毛发，再用碘酒或酒精等对伤口及周围组织进行消毒，最后用无菌纱布或干净手帕包扎即可。对于较大的头皮裂伤，由于头皮血液循环丰富，因此出血比较多，处理原则是先止血、包扎，然后迅速将伤者送往医院。由于头皮供血方向是从周围向顶部，故用绷带围绕前额、枕后作环形加压包扎即可止血。对出血伤口局部，可用干净的纱布、手帕等加压包扎，也可直接用手指压迫伤口两侧止血。若发生头皮撕脱，要迅速包扎止血。由于头皮撕脱，疼痛剧烈，伤员高度紧张易发生休克，此时必须安慰伤员，让其放松、坚持。对被撕脱的头皮则需用无菌或干净的布巾包好，放入密封的塑料袋内，再放入盛有冰块的保温瓶内，同伤员一起迅速送往医院。

4.5.6.5 碎屑进入眼内的应急处理

若木屑、尘粒等异物进入眼内，可由他人翻开眼睑，用消毒棉签轻轻取出异物，或任眼睛流泪带出异物，再滴入几滴鱼肝油。

玻璃屑进入眼内的情况比较危险。这时要尽量保持平静，绝不可用手揉擦，也不要试图让别人取出碎屑，尽量不要转动眼球，可任其流泪，有时碎屑会随泪水流出。用纱布轻轻包住眼睛后，立刻将伤者送去医院。

4.5.6.6 伤员搬运

在医务人员来到之前，切勿任意搬动伤员，但若继续留在事故区就会有进一步遭受伤害的危险，则应将伤员转移。转移前，应尽量设法止住流血，维持伤员的呼吸与心跳，并将一切可能有骨折的部位用夹板固定。搬运时，应根据伤员伤情进行恰当处理，谨防因方法不当而加重其伤势。对所有的重伤员，均可采取仰卧位。搬运时，先了解伤员伤处，然后三个搬运者并排单腿跪在伤员身体一侧，同时分别把手臂伸入到伤员的肩背部、腹臀部、双下肢的下面，然后同时起立，始终使伤员的身体保持水平位置，不得使身体扭曲。三人同时迈步，并同时将伤员放在硬板担架上。颈椎损伤者应再有一人专门负责牵引、固定头颈部，不得使伤员头颈部前屈后伸、左右摇摆或旋转。四人动作必须一致，同时平托起伤员，再同时将其放在硬板担架上。

4.6　实验室特殊设备的使用安全

4.6.1　高温高压类设备

4.6.1.1　高温高压类设备使用的一般注意事项

高温高压设备使用时须注意以下安全事项：

(1) 电热设备一般功率较大，容易因线路过载而引发火灾、触电等危险。因此配电插座(板、箱)的额定功率应和所使用的电热设备匹配，不要随意替换和原功率不一样的电源线，严重老化的电源线应及时更换。

(2) 电热设备隔热材料破损可导致其外壳达到很高温度，容易引起火灾，因此电热设备通电后须有人看管；电热设备附近不应存放易燃易爆物质。

(3) 不要在电热设备的上限温度上长时间使用，控温不良的设备应当立即停止使用。

(4) 电热烘箱一般只能用于烘干玻璃、金属容器和在加热过程中不分解、无腐蚀性的样品。挥发性、易燃易爆物或刚用乙醇、丙酮淋洗过的样品、仪器等不能放入电热烘箱加热，以免发生着火或爆炸。

(5) 电热烘箱、电阻炉不超期使用(一般使用期限控制为 12 年)，如超期使用须经审批。

(6) 加热设备应放置在通风干燥处，不直接放置在木桌、木板等易燃物品上，周围留有一定的散热空间，设备旁不能放置易燃易爆化学品、气瓶、冰箱、杂物等，应远离配电箱、插座、接线板等设备。

(7) 应在加热设备周边醒目位置张贴高温警示标识，并配有必要的防护措施，张贴安全操作规程、警示标识。

（8）使用电阻炉等明火设备时须有人值守。使用加热设备时，温度较高的实验须有人值守或有实时监控措施。

高压设备的设计制造有严格的国家标准，投入实验使用之前应当检验其是否符合国家标准。使用时应严格遵守操作规程，实验期间必须有人看管，使用完毕后一般应等待仪器内部压力降至与大气压相等后再打开，还应经常检查安全阀和压力是否正常。

4.6.1.2 高温高压类设备的特别注意事项

高温高压设备使用时须特别注意如下安全事项：

（1）在高压高温仪器设备内压力未恢复正常前，切勿开启。

（2）在高压高温仪器设备未冷却前，切勿开启。

（3）开启时，戴上防护用品，不要面对着开启处，以防止热气灼伤。

（4）取出物品时，应使用隔热手套。

4.6.1.3 实验室常见的高温高压类设备

1. 马弗炉

马弗炉也称高温电炉，常用于质量分析中的灼烧沉淀、灰分测定等工作。

热力丝结构的马弗炉，最高使用温度为 950 ℃，短时间可以达到 1 000 ℃。硅碳棒式马弗炉的发热元件是炉内的硅碳棒，最高使用温度为 1 350 ℃，常用工作温度为 1 300 ℃。马弗炉根据使用需求又分为固定温度升温和程序温度升温两种类型。

马弗炉的炉膛是由耐高温而无涨缩碎裂的氧化硅结合体制成的。炉膛内外壁之间有空槽，炉丝串在空槽中，炉膛四周都有炉丝，所以通电以后，整个炉膛周围被均匀加热而产生高温。

马弗炉使用注意事项有如下几点。

（1）马弗炉应放于坚固、平稳、不导电的平台上。通电前，先检查马弗炉电气性能是否完好，接地线是否良好，并注意是否有断电或漏电现象。

（2）马弗炉使用温度不得超过其额定最高使用温度。

（3）灼烧沉淀时，按规定的沉淀性质所要求的温度进行，不得随意超过。

（4）保持炉膛清洁，及时清除炉内氧化物之类的杂物；熔融碱性物质时，应防止熔融物外溢污染炉膛；炉膛内应垫一层石棉板，以减少坩埚的磨损及防止炉膛污染。

（5）热电偶不要在高温状态或使用过程中拔出或插入，以防外套管炸裂。

（6）马弗炉不得连续使用 8 h 以上，使用完毕后需要进行冷却处理，以免因温差过大而引起炉膛开裂。每日使用时间也不应超过 12 h，以免长时间运作造成设备的过度磨损。

(7) 要保持炉外清洁、干燥;炉子周围不要放置易燃易爆及腐蚀性物品。

(8) 禁止向炉膛内灌注各种液体及易溶解的金属。

(9) 马弗炉不用时,应切断电源。

(10) 马弗炉内热电偶所反映的指示温度,应作定期校正。

(11) 马弗炉在使用时,要经常照看,防止自控失灵,造成电炉丝烧断等事故。晚间无人值守时,切勿启用马弗炉。

(12) 灼烧完毕后,应先拉下电闸,切断电源。高温马弗炉使用结束断电后应使之缓慢冷却后再打开炉门,不能立即打开以免出现炸膛、玻璃器皿骤冷炸裂等,最后用长柄坩埚钳取出被烧物件。

2. 电热恒温水(油)浴锅

电热恒温水(油)浴锅常作蒸发和恒温加热用,有单孔和多孔的。

水浴锅用电加热。电源电压为 220 V。水浴锅恒温范围为 37～100 ℃(需高于室温 3 ℃),温差为 ±1 ℃。

油浴锅和水浴锅构造相似,只是加热介质由水变成了油。恒温油浴锅在实验室中应用非常广泛,是一种必备的高温恒温设备,它是采用高温加热管对导热油进行加热,再通过精密的温控仪表对温度进行精确的控制。油浴锅所使用的油,要根据温度和实验要求来定。

(1) 水浴锅

当加热的温度不超过 100 ℃时,使用水浴加热较为方便。但是,当涉及金属钾、钠的操作以及无水操作时,决不能在水浴中进行,否则会引起火灾。

使用水浴时勿使容器触及水浴器壁和底部,防止局部受热不均。由于水浴的不断蒸发,必要时要适当添加热水使水浴中的水面经常保持稍高于容器内的液面,切记水位一定保持不低于电热管,否则将立即烧坏电热管。同时应注意控制箱内部不可受潮,以防漏电和损坏控制器,在使用时还应随时注意水箱是否有渗漏现象。

(2) 油浴锅

当加热温度在 100～200 ℃时,宜使用油浴,优点是使反应物受热均匀,反应物的温度一般低于油浴温度 20 ℃左右。常用油浴的使用注意事项有如下几点:

① 甘油,可以加热到 140～150 ℃,温度过高时会炭化。

② 植物油如菜油、花生油等,可以加热到 220 ℃,常加入 1%的对苯二酚等抗氧化剂,便于久用。但温度过高时植物油会分解,达到闪点时可能燃烧起来,所以使用时须小心。

③ 石蜡油,可以加热到 200 ℃左右,温度稍高并不分解,但较易燃烧。

④ 硅油,在 250 ℃时仍较稳定,透明度好、安全,是目前实验室里较为常用的油浴

之一，但其价格较贵。

使用油浴加热时要特别小心，防止着火，当油浴受热冒烟时，应立即停止加热，油浴中应挂温度计以便观察油浴的温度和有无过热现象，同时便于调节控制温度，温度不能过高，否则受热后有溢出的危险。

在向油浴锅内注入液体时，要控制液位，严防过量溢出，当实验温度达到 300 ℃时，液位应控制在容积的 80%左右。

禁止使用可燃性、挥发性高的油，所使用的油，要根据温度和实验要求来定。

使用油浴时要竭力防止产生可能引起油浴燃烧的因素。油浴锅不要在换气差的场所使用，要远离火源、易产生火花地点，以免引发火灾。

禁止在无油的情况下空烧，否则会引起漏电，容易发生火灾，烧坏加热管。禁止用湿手和在湿气过多的地方进行操作，有漏电触电的危险。电源必须使用接地插头。

加热完毕取出反应容器时，仍用铁夹夹住反应器离开油浴液面悬置片刻，待容器壁上附着的油滴完后，再用纸片或干布擦干器壁。

3. 水热合成反应釜

水热合成反应釜是化学实验室常用小型反应器，可用于小剂量的合成反应；还可利用罐体内强酸或强碱且高温高压密闭的环境来达到快速消解难溶物质的目的。

目前实验室常用水热合成反应釜分为 PTFE 和 PPL 两种内胆，外壳材质分为 304 不锈钢和 316 不锈钢，不同材质的使用寿命也不同，PTFE 材质工作时外加热的温度建议不超过 230 ℃，PPL 材质建议不超过 260 ℃。水热合成反应釜的使用注意事项有如下几点：

(1) 必须在反应完成后，待釜体自然冷却到室温后才可开启釜盖，严禁带压拆卸。

(2) 正常釜内胆填充量不要超过总釜容积的 70%，防爆型釜也应不超过 80%。

(3) 水热合成反应釜没有超压卸荷装置，严禁超温、超压使用，以免发生危险。

(4) 具有下列特征的反应不建议使用水热合成反应釜：①溶剂的沸点低于 60 ℃(如：乙醚、丙酮、二氯甲烷等)；②反应过程中会产生大量气体；③物料具有易燃、易爆特性或毒性，其毒性易挥发且危害程度为极度、高度危害；④反应时长超过 100 h 且温度始终处于 250 ℃以上。

(5) 使用前需要检查水热合成反应釜的密封性能。如果发现密封不良或有漏气现象，必须及时更换内衬或进行维修。否则，在高温高压下可能会发生危险事故。

(6) 水热合成反应釜每次使用后要及时使用适当的溶剂将其清洗干净，以免锈蚀。釜体、釜盖线密封处要格外注意清洗干净，并严防将其碰伤损坏。存放时要放置在干燥、通风的地方，并避免受到撞击或挤压。

4.6.2 低温类设备

4.6.2.1 冰箱等低温类设备使用的一般注意事项

(1) 不要在实验室用冰箱、冰柜存放实验用品之外的物品，如食物等，所有存放于冰箱及冰柜中的化学品均应有规范的标签。

(2) 放于冰箱和冰柜的容器必须密封，并定期清洗冰箱和冰柜，及时清除不需要的样品和试剂。

(3) 需要冷冻干燥的溶液必须在干冰中预冷至结冰之后，再放入冷冻干燥机。冷冻干燥机在使用之后必须除霜，油泵应该经常换油。

(4) 应充分了解所使用的低温类设备，操作过程中实验人员应戴好低温手套和其他防护设备，以免冻伤。

(5) 冰箱不超期使用(一般使用期限控制为 10 年)，如超期使用须经审批。

(6) 冰箱周围留出足够空间，周围不堆放杂物，不影响散热。

4.6.2.2 液氮等低温物品使用的一般注意事项

(1) 在搬运、转移固态低温物质时，应戴好专用的低温手套或用钳子、铲子、铁勺等工具进行操作，以免冻伤。

(2) 在转移、倾倒液态低温物质时，要小心操作，尽量避免低温液体溅出。同时应穿好厚工作服，减少暴露在外的皮肤面积。戴上透明防护面具，防止低温液体溅射到脸上。戴好专用的低温手套，注意不能戴孔隙较多的普通劳保线手套，因为粘到手套上的低温液体会被手套吸收反而不易挥发，易渗透到皮肤上造成冻伤。

(3) 大量使用易挥发的低温物质时应注意通风，否则产生的大量气体会使房间中的氧气比例降低，严重时会产生窒息危险。

4.6.3 高速运转类设备

4.6.3.1 高速运转类设备使用的一般注意事项

(1) 使用高速运转类设备前应先仔细阅读使用说明和安全注意事项，或向有使用经验的人员咨询，使用时应严格按照操作规程进行。

(2) 使用前应穿好工作服，有些情况下还应戴好护目镜，若留长发要将头发盘起戴上工作帽。

(3) 使用前需确认电动机、电缆线均正常，保护接地良好，防护装置安全有效，操作台必须足够稳固，夜间作业应有足够的照明。

(4) 使用时先空载试运转,运转中无异常、异响,一切正常,确认安全后再进行实际操作。

(5) 操作高速运转类设备一般情况下不应戴手套,应使用专用工具,操作的地方绝对不能用手直接触碰。

(6) 操作中不能有人站在可能有工件或碎屑飞出的地方。

(7) 当工件发生冲击、跳动及异常声响时,应立即停机检查,排除故障后,方可继续作业。不要在设备运转时对设备零部件进行检查、维修。

(8) 在操作过程中,对构件缝隙等处的碎屑应采用专用工具及时清除,不能用手拣拾或抹试。使用后应注意按说明要求对设备进行必要的保养。

(9) 不要在长时间无人进出的场所单独使用大型高速运转类设备。

4.6.3.2 强场类设备使用的一般注意事项

强场类仪器设备主要是指能够产生强电场、强磁场和电磁辐射的仪器设备。

1. 强电场类仪器设备的注意事项

(1) 有些仪器设备局部或全部会处在高电位上(大于 1 kV),高压部分应有必要的隔离绝缘措施以避免人员被电击或仪器放电造成仪器设备的损坏。

(2) 隔离绝缘应有连锁保护,即一旦隔离失效,仪器设备应立即断电。

(3) 对功率较大的高压设备,当高压退到零后,应先用前端接地的绝缘棒接触设备进行放电,然后才能进行维修或其他操作。

(4) 不能用试电笔或万用表测量高电压设备,应使用带绝缘棒的高压探头测量高压设备的电位。

(5) 对大电容元件进行检查或修理前应先放电,否则操作人员接触电极有可能被电伤,被大电容元件放电电伤甚至会危及生命。

(6) 对于强磁场类仪器,应注意在靠近强磁场的地方,不要使用铁磁性工具(不锈钢磁性很弱,一般可以使用),不要戴手表进行各种操作,也不要携带材质不明的物体靠近强磁场。

2. 电磁辐射类仪器设备的注意事项

(1) 严格按照操作规程进行操作,避免因误操作造成电磁泄漏或使身体的一部分暴露在强电磁辐射中。

(2) 应经常对功率比较大的设备进行电磁辐射监测,防止设备老化或故障造成实验室电磁辐射强度超标。

4.6.3.3 激光类设备使用的一般注意事项

激光类设备因能放出强大的激光光线(可干涉性光线),所以若用眼睛直接观看会烧坏视网膜，甚至造成失明，同时还有被烧伤的危险。

使用激光类设备一般应注意的事项包括如下几条：

(1) 操作人员应穿戴防护眼镜等防护用品、不戴手表等能反光的物品，禁止直视激光束和它的反向光束，禁止对激光器件做任何目视准直操作，禁止用眼睛检查激光器故障，激光器必须在断电情况下进行检查。

(2) 要防止意料不到的反射光射入眼睛。要十分注意射出光线的方向，并同时查明确实没有反射壁面之类的东西存在。

(3) 功率较大的激光器有互锁装置、防护罩，防止激光发射及反射镜上扬。

(4) 对放出强大激光光线的装置，要配备捕集光线的捕集器。

(5) 因为激光装置使用高压电源，操作时必须加以注意。

(6) 在所有激光区域内张贴警告标识，禁止无关人员进入。

本章习题

1. 车床开动以后(　　)。

A. 不能同时使用纵、横向自动手柄

B. 不能改变进给量

C. 可以同时使用纵、横向自动手柄

D. 改变进给量时，须双手双方向同时用力

2. 在铣床上装卸工件时，工作台位置应保证(　　)。

A. 刀具在工件左方　　B. 刀具在工件右方

C. 刀具尽量远离工件　　D. 在对刀位置

3. 使用手锯锯工件快要锯断时，哪种做法是正确的？(　　)

A. 放慢锯削速度　　B. 加大锯削时的压力

C. 锯削的速度可以加快　　D. 用榔头打断工件

4. 对刚浇注完的铸件，应如何进行处理？(　　)

A. 浇水加速其冷却　　B. 用手去摸铸件

C. 立即落砂清理出铸件　　D. 待其冷却一定时间后再进行落砂清理

5. 在冲压过程中，装卸工件时，应注意什么事项？(　　)

A. 脚应离开踏杆

B. 脚可以一直搭在踏杆上，只要不用力

C. 脚可以时而踩在踏杆，时而离开踏杆

D. 不用注意

6. 在使用数控机床加工零件时，以下做法正确的是(　　)。

A. 可以将自己编好的程序输入数控装置进行零件加工，碰到问题时可以随时改变程序

B. 可以将自己编好的程序随时输入数控装置进行零件加工

C. 严禁将未经验证的程序输入数控装置进行零件加工

D. 以上都不对

7. 为保护听力，建筑物理实验室工作人员所处环境的噪声，在任何情况下均不得超过(　　)。

A. 115 dB(A)　　B. 100 dB(A)

C. 95 dB(A)　　D. 85 dB(A)

8. 在机械产品寿命周期的各环节中，决定机器产品安全性的最关键环节是(　　)。

A. 设计　　B. 制造　　C. 使用　　D. 维修

9. 常在机械防护装置上设置检修用的可开启的活动门，活动门不关闭机器就不能开动；在机器运转时，活动门一打开机器就停止运转，这种功能称为(　　)。

A. 安全联锁　　B. 安全屏蔽

C. 安全障碍　　D. 密封保护

10. 以下有关机械危险说法正确的是(　　)。

A. 在齿轮传动机构中，两轮开始旋出的地方最危险

B. 在齿轮传动机构中，两轮开始啮合的地方最危险

C. 皮带传动机构中，皮带外部最危险

D. 对于一些老设备，可以允许啮合齿轮外露

第5章

辐 射 安 全

2013 年 5 月 23 日，日本一座核物理实验室发生辐射物质泄漏事件，运营方大约一天半以后才向监管机构和当地政府通报，受到严厉批评。医疗检查发现，4 名研究人员受到辐射。由于实验室距周边居民住所数百米，辐射泄漏引发民众不安。

中国台湾某大学原子实验室从 1961 年启用以来，2011 年首次发生辐射曝晒学生的意外，有 4 名学生在做实验时，因为控制员的操作失当，造成学生受到高辐射曝晒，其中一人遭到曝晒的剂量高达 6.6 毫西弗，相当于连续照射了 330 张 X 光照。

随着核技术的应用与发展，其已在众多专业领域被广泛应用，其规范化管理的重要性日益凸显。做好辐射安全与防护，保障辐射环境安全是支撑核工程与核技术发展的重要前提。随着近几十年来人们对电离辐射效应的了解越来越多，人们已经开发出了保护人类免受各种辐射源照射的成套的辐射防护办法。尽管如此，公众的忧虑依然存在。因此，辐射安全已成为高校实验室安全管理的重要部分，是校园安全乃至社会安定和谐的重要保证。

5.1　辐射安全的基础知识

5.1.1　辐射与电离辐射

1. 辐射的基本概念[30]

辐射是由波动和粒子流传递能量的过程，也可指波动能量和粒子流本身。例如太阳辐射指太阳光从太阳向地球发射的过程，也可指在这过程中的太阳光。辐射是不以人的意志为转移的客观事物，在我们赖以生存的环境中，辐射无处不在。按照辐射作用于物质时所产生效应的不同，人们将辐射分为电离辐射与非电离辐射两类。电离辐射包括宇宙射线、X 射线和来自放射性物质的辐射。非电离辐射包括紫外线、热辐射、无线电波和微波。高校实验室辐射安全一般指电离辐射安全，其主要工作是对实验室场所、辐射工作人员以及实验仪器设备（放射性同位素与射线装置）

的安全管理。

2. 电离辐射

电离辐射指可直接或间接使被作用物质产生电离作用的基本粒子流，分为直接电离辐射和间接电离辐射。直接电离辐射是具有足够动能，直接使被作用物质产生电离作用的基本粒子，有 α 和 β 粒子、电子及质子等。间接电离辐射是能释放出直接电离的粒子或引起核变化的非带电粒子，间接使被作用物质产生电离作用的基本粒子，有 X 射线、γ 射线和中子等粒子。

3. 常见电离辐射 2 种

工业、农业、科学研究部门接触电离辐射的工作种类甚多，主要有：放射性矿石的勘探、开采、选矿及冶炼；制造和使用发光涂料（夜光粉）；从事原子反应堆、粒子加速器的工作；利用原子动力的交通运输工具上的工作；制作和使用镭铍源、钋铍源的工作；工农业生产及科学研究中利用人工放射性同位素的工作，例如金属探伤、放射测井、食品消毒、选种育种和农作物贮藏，以及应用示踪原子方法进行科学研究及实际工作等。在医疗方面，X 射线、γ 射线用于透视、照相诊断及治疗，也用放射性同位素作示踪实验、诊断及治疗。

5.1.2 辐射源的分类

辐射源是指能产生电离辐射的物质和装置。辐射源基本分为两类：一类是放射源，是通过核转变产生高能辐射的装置和物质；另一类是射线装置，是利用电磁场加速带电粒子至高能量的电器装置。第一类包括一些经典的天然放射性同位素，如镭、氡以及人工放射性同位素，如铯-137 和钴-60。核反应堆一般作为一个特殊成员归在该类。第二类辐射源包括粒子加速器，如范德格拉夫（Van de Graaff）加速器、回旋加速器、线性加速器及 X 射线管等。

1. 放射源的分类

按照国家环境保护总局公告 2005 年第 62 号发布了《放射源分类办法》，参照国际原子能机构的有关规定，按照放射源对人体健康和环境的潜在危害程度，从高到低将放射源分为Ⅰ、Ⅱ、Ⅲ、Ⅳ、Ⅴ类，详见表 5-1。

2. 射线装置的分类

环境保护部和国家卫生计生委公告 2017 年第 66 号发布了《射线装置分类》，根据射线装置对人体健康和环境的潜在危害程度，从高到低将射线装置分为Ⅰ类、Ⅱ类、Ⅲ类，详见表 5-2。

表 5-1 放射源的分类

类别	名称	原则
Ⅰ类源	极高危险源	没有防护，接触数分钟至一小时致死
Ⅱ类源	高危险源	没有防护，接触数小时至数天致死
Ⅲ类源	危险源	没有防护，接触数小时即可造成永久性损伤，接触数天至数周可致死
Ⅳ类源	低危险源	基本不会造成永久性损伤，对长时间、短距离接触者造成临时性损伤
Ⅴ类源	极低危险源	不会造成永久性损伤

表 5-2 射线装置的分类

类别	名称	原则	医用	非医用
Ⅰ类射线装置	极高危险源	短时间照射可产生严重放射损伤	质子治疗装置	放射性同位素加速器（正电子发射计算机断层显像装置用发射性药物加速器除外）
			重离子治疗装置	其他非医用加速器（粒子能量≥100 MeV）
			其他医用加速器（粒子能量≥100 MeV）	—
Ⅱ类射线装置	高危险源	可产生较严重放射损伤	粒子能量＜100 MeV 的医用加速器	粒子能量＜100 MeV 的非医用加速器
			正电子发射计算机断层显像装置用发射性药物加速器	工业辐照用加速器
			X 射线治疗机	工业探伤用加速器
			术中射线治疗装置	安全检查用加速器
			血管造影 X 射线装置	车辆检查用 X 射线装置
			—	工业用 CT（X 射线计算机断层扫描装置）
			—	工业用 X 射线探伤装置
			—	中子发生器
Ⅲ类射线装置	危险源	一般不会产生放射损伤	医用 CT（X 射线计算机断层扫描装置）	人体安全检查用 X 射线装置
			医用诊断 X 射线装置	X 射线行李包检查装置
			口腔 X 射线装置	X 射线衍射仪
			放射治疗模拟定位装置	X 射线荧光仪

（续表）

类别	名称	原则	医用	非医用
Ⅲ类射线装置	危险源	一般不会产生放射损伤	X 射线血液辐照仪	测厚、称重、测孔径、测密度等 X 射线检测装置
			—	离子注(植)入装置
			—	兽用 X 射线装置
			—	电子束焊机
			其他 X 射线装置	

5.1.3 辐射的危害

电离辐射以两种方式作用于人体，即体外照射与体内照射。贯穿辐射（X 射线、γ 射线及中子）是以体外照射方式照射整个身体或身体某一部位；高能量 β 和 α 射线也能以体外照射方式作用于人体。放射性物质进入体内则发生体内照射，它在体内放出 α 或 β 粒子，有的也同时放出 γ 射线。体内照射剂量的降低，只能依靠放射性物质自体内的排出和衰变。

在电离辐射作用下，机体的反应程度取决于电离辐射的种类、剂量、照射条件及机体敏感性。电离辐射由体外照射或放射性物质进入体内，可使机体发生一系列改变乃至发展为病态。放射病就是由电离辐射作用而引起的一种疾病，它是机体的全身性反应，几乎所有器官、系统均发生病理改变，但其中以神经系统、造血器官和消化系统的改变最为明显。人体受到大剂量电离辐射的一次或数次照射，可引发急性放射病。在从事放射性工作中，如防护不当，机体长期受到超容许剂量的体外照射，或放射性物质经常少量进入并蓄积在体内，则可引起慢性放射病。慢性放射病也可能是急性放射病转化的结果。电离辐射主要作用于局部时，可能引起急性和慢性皮肤放射损伤。电离辐射尚具有远期效应，可致白血病、再生障碍性贫血、白内障等。此外，尚有致癌作用，对生育、遗传及后代也有不良影响。

5.2 实验室辐射安全与防护

高校实验室的辐射安全通常是指电离辐射安全，其主要工作是对学校所有涉及实验室辐射安全的单位与个人的安全管理，包括辐射源的购买、运输、存贮、使用和销毁等全过程。

5.2.1　辐射安全的管理职责与许可登记

（1）学校实验室辐射安全与防护管理工作，根据分级分类管理的原则，在学校统一领导下，实行“学校、二级单位、实验室”三级联动的管理责任体系。

（2）涉源学校须取得辐射安全许可证，并在其规定范围内开展实验。辐射安全许可证每 5 年办理一次延续。

（3）学校实验室辐射工作严格按照国家有关规定实行许可登记制度。各二级单位使用放射性同位素或射线装置进行教学、科研活动，须具备辐射安全相关条件，经环境保护主管部门审批许可后方可开展。因实验需要改变许可事项，或需部分或全部终止使用放射性同位素和射线装置活动的，均要对许可证进行重新申领或变更、注销。

5.2.2　涉辐人员的安全管理

（1）涉辐人员必须通过环保部门组织的培训，取得“辐射安全与防护培训合格证书”，证书超过有效期的需接受复训。

（2）涉辐人员必须采取必要的防护措施，规范操作，避免空气污染及外照射事故的发生；必须正确佩戴个人剂量计，接受个人剂量监测。

（3）涉辐人员每个季度都应将所佩戴的个人剂量计送检，个人剂量检测结果存档。

（4）涉辐人员应参加单位组织的岗前、在岗和离岗的职业体检，每 2 年 1 次。

（5）离开放射性实验室前应进行全身放射性物质沾污检测，合格者方可离开实验室。

5.2.3　辐射源的安全管理与使用

（1）放射源与射线装置实行分类管理。各涉源单位须指定专人负责管理，建立健全使用和出入库登记制度，做好工作台账，做到账物相符。各涉源实验室须根据工作需要，编写安全操作规程，严格按照规程规范操作，并做好安全防护。

（2）Ⅰ、Ⅱ类射线装置应安装安全联锁装置和报警装置。比如门机联锁，只有当防护门关闭后才能开机或启动设施。防护门上有信号灯。实验场所出入口要设置固定式辐射监测仪，并与控制系统联锁，超剂量报警或停机。控制系统有钥匙，且由专人保管，取出钥匙自动停机。实验场所设有机械通风系统和烟感报警器，并与装置或设施控制系统联锁。

（3）放射源使用时首先要进行登记、注明使用日期、使用目的等事项；放射源使用操作时间要做到尽可能短，以避免不必要的照射；放射源使用后应及时放回原处并锁好，严格执行“双人双锁”制度。

(4) 任何类型的放射源都不能用手直接拿取、触摸，所有放射源使用时都要使用工具（如镊子、钳子等）；操作 γ 放射源或强 β 放射源时要有适当的屏蔽措施，包括铅砖、铅围裙、铅玻璃、铅眼镜等。

5.2.4 涉源实验室的安全管理

(1) 进入放射性实验室，应佩戴个人剂量计；在非密封放射源工作场所（如放射化学实验室）内操作放射性物质，必须戴口罩、穿实验服、穿工作鞋、戴工作帽。

(2) 在有比较严重的疾病或外伤时，不要进入放射性实验室。

(3) 不能将与实验无关的私人物品带入；不能在实验室内进食、饮水、吸烟。

(4) 离开放射性实验室前应进行全身放射性物质沾污检测，合格者方可离开实验室。

(5) 如遇到放射源跌落、封装破裂等意外事故，应及时关闭门窗和所有的通风系统，并立即向单位领导和上级有关部门报告，启动应急响应，并通知邻近工作人员迅速离开，严密管制现场，严禁无关人员进入，控制事故影响的区域，减少和控制事故的危害和影响。

(6) 放射性废弃物需分类收集，并委托具有处置资质的机构进行处置或按照有关要求进行处置。

本章习题

1. 放射性实验需要采取的正确措施是(　　)。

A. 佩戴个人辐射剂量计，可以知道当天接受的剂量和累积剂量，并将其控制在安全水平下

B. 实验时必须带好专用的防护手套、口罩、穿工作服，实验完毕，立即洗手或洗澡。

C. 实验时，力求迅速、熟练，尽量减少被辐射的时间，并应尽可能利用夹具、机械手来操作，以便远离辐射源，同时应设置隔离屏蔽

D. 以上都是

2. 密封放射源是指(　　)。

A. 除研究堆和动力堆核燃料循环范畴的材料以外，永久密封在容器中或者有严密包层并呈固态的放射性材料

B. 能发射射线的所有物质

C. 非密封在包壳里或者紧密地固结在覆盖层里的放射性物质

D. 未密封的放射性物质,当简单封装后就是密封放射源

3. Ⅲ类放射源丢失、被盗、失控,属于什么等级的辐射事故?(　　)

A. 一般辐射事故　　B. 较大辐射事故

C. 重大辐射事故　　D. 特别重大辐射事故

4. 实验室发生辐射事故时,应及时向(　　)报告,由本单位主管部门将及时向环保、卫生、公安部门报告。

A. 实验室安全负责人　　B. 本单位辐射安全管理部门

C. 包括 A 和 B　　D. 上述都不对

5. 人体内每天因食物摄入的放射性物质,哪种最多?(　　)

A. K-40　　B. K-41　　C. I-131　　D. I-133

6. 目前各医院中最常用于肿瘤放射治疗的电离辐射类型是哪一类?(　　)

A. α 射线　　B. β 射线

C. 光子(γ 射线和 X 射线)　　D. 中子

7. 一个放射源,其半衰期为 10 天。30 天后,其活度为初始时的(　　)。

A. 1/4　　B. 1/8　　C. 1/16　　D. 1/32

8. X 射线由德国科学家伦琴发现于(　　)。

A. 1800 年　　B. 1840 年　　C. 1895 年　　D. 1901 年

E. 1905 年

9. 适于个人剂量监测的剂量仪是(　　)。

A. 胶片剂量仪　　B. 量热计

C. 热释光剂量仪　　D. 空气电离室

E. 指形电离室

10. 关于防护的方法说法错误的是(　　)。

A. 工作人员要在操作前做好充分的准备

B. 在不影响工作质量的前提下,可以延长人员受照射的时间

C. 要在不影响工作质量的前提下,尽量延长人员到 X 线管的距离

D. 在放射源和人员之间,放置屏蔽材料

参考文献

[1] 张网，薛思强，李野. 消防安全必知读本[M]. 天津：天津科技翻译出版有限公司，2019.

[2] 上海市消防局. 消防基础理论[M]. 上海：上海科学技术出版社，2003.

[3] 王梓丞. 高校实验室火灾爆炸事故原因分析及管理对策[J]. 数据，2022(08)：113-115.

[4] 张凯，储艳兰. 高校化学实验室火灾隐患及对策[J]. 赤峰学院学报(自然科学版)，2013，29(11)：8-9.

[5] 么向和，张倩. 高校公共化学实验室火灾隐患分析及防范措施[J]. 中国科教创新导刊，2010(34)：172.

[6] 王世英. 实验室的火灾隐患及防范对策[J]. 科学教育，2000(3)：59-61.

[7] 朱莉娜，孙晓志，弓保津，等. 高校实验室安全基础[M]. 天津：天津大学出版社，2014.

[8] 梁慧敏，张奇，白春华. 电气安全工程[M]. 北京：北京理工大学出版社，2010.

[9] 凌红军. 高校电气实验室安全管理探讨 [J]. 科技与创新，2015，(13)：36-37.

[10] 周江，周炳忠，黄新，等. 高校电气类实验室安全工作介绍 [J]. 电工电气，2014，(07)：58-59.

[11] 王志强，郑帅，陈翠丽，等. 高校电气实验室安全管理探讨 [J]. 实验室研究与探索，2014，33 (07)：293-296.

[12] 张烨，田巍，杨武. 浅谈大型电气实验室的安全管理 [J]. 现代测量与实验室管理，2012，20 (02)：53-55.

[13] 魏春荣，刘赫男. 机械安全与电气安全[M]. 徐州：中国矿业大学出版社，2018.

[14] 殷瑞祥. 高等学校安全概论[M]. 广州：华南理工大学出版社，2013.

[15] 董万城，张威. 高校金工实习典型事故案例分析及安全对策措施[J]. 高校实验室工作研究，2017(4).

[16] 阮铭业. 高校机械类实验室安全准入模式实施中存在的问题及应对措施[J]. 科技风，2020(03)：238.

[17] 尹昱东. 对高校机械专业类实验室安全管理问题的思考[J]. 课程教育研究，2017(38)：234-235.

[18] 吕双庆. 实验室常见事故预防与应急处理 [J]. 石油化工安全环保技术，2016，32 (01)：32-34 + 53 + 6.

[19] 卢孔宝. 高校金工实验室安全管理体系建设的探讨 [J]. 中国现代教育装备，2015，

(13)：45-47.

[20] 托马斯·库恩.科学革命的结构[M].金吾伦，胡新和，译.北京：北京大学出版社，2012.

[21] 中华人民共和国教育部.教育部办公厅关于印发《高等学校实验室安全规范》的通知[EB/OL].(2023-02-14)[2024-07-31]. http://www.moe.gov.cn/srcsite/A16/moe_784/202302/t20230220_1045998.html.

[22] 中华人民共和国中央人民政府.习近平对安全生产作出重要指示[EB/OL].(2020-04-10)[2024-07-31]. https://www.gov.cn/xinwen/2020-04/10/content_5500935.htm.

[23] 葛晨晨，于涛，邢露，等.实验室安全理论课程建设与管理[J].实验室研究与探索，2024，43(06)：219-222.

[24] 北京市应急管理局.北京交通大学"12·26"较大爆炸事故调查报告[EB/OL].(2019-02-13)[2024-07-31]. https://yjglj.beijing.gov.cn/art/2019/2/13/art_7466_358.html.

[25] 国家市场监督管理总局，中国国家标准化管理委员会.职业健康安全管理体系要求及使用指南：GB/T 45001—2020[S].北京：中国标准出版社，2020.

[26] 同济大学实验室安全管理办公室.同济大学实验方案风险评估实施细则(试行)[EB/OL].(2022-04-29)[2024-07-31]. https://zcsys.tongji.edu.cn/info/1022/1702.htm.

[27] 界面新闻.台湾花莲一大学化学实验室震后起火爆炸，现场存有禁水性物质空气中有刺鼻酸味[EB/OL].(2024-04-03)[2024-07-31]. https://baijiahao.baidu.com/s?id=1795314613143648822&wfr=spider&for=pc.

[28] 中华人民共和国国家质量监督检验检疫总局，中国国家标准化管理委员会.火灾分类：GB/T 4968—2008[S].北京：中国标准出版社，2009.

[29] 中华人民共和国国家质量监督检验检疫总局，中国国家标准化管理委员会.机械安全 设计通则 风险评估与风险减小：GB/T 15706—2012[S].北京：中国标准出版社，2013.

[30] 中华人民共和国国家质量监督检验检疫总局，中国国家标准化管理委员会.化学品分类和危险性公示通则：GB 13690—2009[S].北京：中国标准出版社，2010.

[31] 国家市场监督管理总局.化学品分类和标签规范 第 1 部分：通则：GB 30000.1—2024[S].北京：中国标准出版社，2024.

[32] 中华人民共和国质量监督检验检疫总局、中国国家标准委员会.化学品分类和标签规范 第 2～31 部分：GB 30000.2～31—2013[S].北京：中国标准出版社，2014.

[33] 中华人民共和国质量监督检验检疫总局、中国国家标准委员会.化学品安全标签编写规定：GB 15258—2009[S].北京：中国标准出版社，2010.

[34] 上海交通大学实验室安全卫士.政策速递 | 教育部发布《高等学校实验室安全检查项目表(2024 年)》[EB/OL].(2024-05-11)[2024-07-31]. https://mp.weixin.qq.com/s?__biz=MzU5NzE1MTIxOQ==&mid=2247491615&idx=1&sn=2614f61d2ca986d7382199

30b69776b2&chksm = ffb60878026aed491092a54a1fc84d9bdbd403f1a0cc4020b54e74c395af7e6b73983f4c0b6d&scene = 27.

[35] 同济大学实验室安全管理办公室.资料下载[EB/OL].(2023-03-02)[2024-07-31]. https://zcsys.tongji.edu.cn/sysaq/zlxz1/fsaql.htm.

[36] 中华人民共和国质量监督检验检疫总局、中国国家标准委员会.实验室生物安全通用要求：GB 19489—2008[S].北京：中国标准出版社，2009.

[37] 中国疾病预防控制中心 实验动物中心.实验室生物安全手册(第四版)[EB/OL].(2020-03-27)[2024-07-31]. https://www.chinacdc.cn/lac/gzzd/gwfgbz/202003/t20200327_215579.htm.

参考答案

第1章 1. D 2. B 3. B 4. A 5. B 6. D 7. D 8. D 9. D

第2章 1. D 2. C 3. D 4. C 5. D 6. D 7. D 8. C 9. C 10. C

第3章 1. B 2. B 3. B 4. ADBC 5. D 6. C 7. C 8. C 9. D 10. C

第4章 1. A 2. C 3. A 4. D 5. A 6. A 7. A 8. A 9. A 10. B

第5章 1. D 2. A 3. B 4. C 5. A 6. C 7. B 8. C 9. C 10. B